Civilización
y cultura

THIRD EDITION

INTERMEDIATE SPANISH

Third Edition

John G. Copeland
University of Colorado

Ralph Kite
University of Colorado

Lynn Sandstedt
University of Northern Colorado

Civilización y cultura

HOLT, RINEHART AND WINSTON

New York   Chicago   San Francisco   Philadelphia   Montreal   Toronto
London   Sydney   Tokyo   Mexico City   Rio de Janeiro   Madrid

Photo credits appear at the back of this book.

Library of Congress Cataloging in Publication Data

Copeland, John G.
    Intermediate Spanish : civilización y cultura.

    1. Spanish language—readers—Civilization, Hispanic.
2. Civilization, Hispanic—Addresses, essays, lectures.
I. Kite, Ralph.   II. Sandstedt, Lynn A., 1932–.
III. Title.   IV. Title: Civilización y cultura.
PC4127.C5C63   1985   468.6′421   84–22405

ISBN 0-03-071628-4

Address correspondence to:
383 Madison Avenue
New York, N.Y. 10017

  7 8 9 016 9 8 7 6 5 4

CBS COLLEGE PUBLISHING
Holt, Rinehart and Winston
The Dryden Press
Saunders College Publishing

Índice

Preface

With the publication of *Intermediate Spanish*, the materials available for use at the intermediate level took a step in a new direction. We had long believed that it would be desirable to have a "package" of materials, unified in content but varied in the possibilities for use in the classroom, which would be flexible enough that the instructor could easily adapt them to his or her own teaching style and particular interests.

With this in mind, we devised the three highly successful texts that make up our complete intermediate level program. *Conversación y repaso* reviews and expands the essential points of grammar covered in the first year and also includes dialogues, abundant exercises, and a variety of activities intended to stimulate conversation. *Civilización y cultura* presents a variety of topics related to Hispanic culture. The approach in this reader is thematic rather than purely historical, and the topics have been chosen both for the insights which they offer into Hispanic culture and for their interest to students. The exercises are designed to reinforce the development of reading skills, to build vocabulary, and to stimulate class discussion. *Literatura y arte* introduces the student to literary works by both Spanish and Spanish-American writers and to the rich and diverse contributions of Hispanic artists to the fine arts. The accompanying exercises also stress the development of reading skills and include vocabulary-building and conversational activities.

One of the unique features of the program is the thematic unity of the three texts. Each unit of each text has the same theme as the corresponding unit of the other two. For example, Unit 1 of the grammar text deals with the subject of European influences on Hispanic culture in its dialogues and conversational activities. The same theme is treated in the essay "Orígenes de la cultura hispánica: Europa," the first unit of the civilization and culture reader, and is further explored in Unit 1 of the literature and art reader in the selection from *El Conde Lucanor* and in the essay on the art of Francisco de Goya y Lucientes. We have found that thematic unity of this kind offers several advantages to the teacher and student: (1) the teacher may combine the basic grammar and conversation text with either or both of the readers and be assured that essentially the same cultural and linguistic information will be presented to the students; (2) the amount of material to be covered may be adjusted through the choice of one text or more, making it possible to balance the quantity of material and the amount of classroom contact available; (3) if one reader is used in the classroom, the other may be used for outside work by those students who wish additional contact with the language; (4) for individualized programs, only those units may be assigned which are relevant to the student's particular interests. If all three texts are used, the students will absorb a considerable amount of vocabulary related to the theme, and by the end of their study of the topic they will have overcome, at least in part, their reluctance to express their own ideas in Spanish. We have tested this "saturation" method in our own classrooms and have found it to be quite effective. We suggest that if all of the materials are used, the grammar and initial dialogue should be studied first, followed by the culture text, then the literature text and, finally, the conversation stimulus section of the grammar and conversation text.

Like the earlier editions, this Third Edition of *Intermediate Spanish* contains materials that will be of interest to students of different disciplines. Throughout, our goal has been to present materials that will motivate students to want to know more about the language and culture they are studying.

Introduction

Intermediate Spanish: Civilización y cultura is a thematic approach to Hispanic culture consisting of essays written for the third or fourth semester college course. It is designed to be used with the authors' *Intermediate Spanish: Conversación y repaso* and is linked thematically with that text. It is complete in itself, however, and may be used with other intermediate materials. The essays present twelve topics, both historical and contemporary, which serve to introduce the student to various aspects of Hispanic tradition, customs, and values. Most of the points apply equally to Spain and to Spanish America, although some treat one or the other exclusively. A strong emphasis is placed on culture contrast in order for the student to more readily relate the material to his or her own experience.

Each unit consists of a reading selection with marginal glosses and supplementary footnotes, questions on the text, personal questions which encourage the student to relate the topic to his or her own experience, culture contrast points for oral or written practice, vocabulary building exercises, and guided composition and conversation exercises. All of the exercise material is designed to require the student to reread and analyze the essay more closely, on the assumption that structure and vocabulary are best learned at this level through repeated contact.

There is some progression in difficulty and length between the first and last units. Marginal glosses, an abundant use of cognates, and footnotes in English have been used in order to maintain a mature and interesting level of content while avoiding the discouragement often experienced by students at this level when confronted with material written for native speakers of the language.

Since a variety of academic disciplines are touched upon, it should be possible to devise outside reading assignments, when desired, relating to the special academic interests of the individual student.

It is clear that any such treatment of Hispanic culture must leave many things unsaid and may at times lead to broad generalizations. It is hoped that these features will serve to stimulate class discussion and to encourage individual investigation on the part of the students using the materials. The variety of topics presented should allow the instructor to add personal material in those areas where he or she possesses special knowledge or experience.

ABOUT THE THIRD EDITION OF CIVILIZACIÓN Y CULTURA

In the Third Edition, material about contemporary events has been added to the historical readings to make the relationship of the past to the present more explicit. Topical essays have been extensively updated to reflect current events in the Hispanic world. The exercise material has been expanded to include a separate set of personal questions which are designed to allow students to relate the cultural topic to their own lives and to stimulate classroom discussion. A section called "Para usar la imaginación" involving a somewhat more fanciful version of the theme, has been added to the end of each unit. This exercise may be done orally or as a written exercise and also lends itself to group activities.

Civilización y cultura

THIRD EDITION

Orígenes de la cultura hispánica: Europa

Vocabulario útil

Estudiar estas palabras antes de leer el ensayo.

adoptar   to adopt
contribuir (**contribuye**)   to contribute
costumbre *f**   custom
desarrollar   to develop
destacarse   to stand out, be distinguished
entre   between, among
frontera   border
gobierno   government
habitante *m*   inhabitant
influir (**influye**)   to influence

lucha   struggle, battle
occidental   western
posterior   later
pueblo   people, village
tribu *f*   tribe
llegar a ser   to come to be
península ibérica   Iberian Peninsula (the entire land mass between the Pyrenees mountains and the Strait of Gibraltar containing the modern countries of Spain and Portugal)

La cultura hispánica es el producto de muchos siglos de contacto con diferentes culturas. La península ibérica, entre el mar Mediterráneo y el océano Atlántico, ha recibido varias influencias de otros
5 pueblos y muchas de ellas se han transmitido al Nuevo Mundo.

mar   *(m or f) sea*

I. LA CULTURA ROMANA

Los primeros habitantes de la península, en tiempos históricos, son las tribus celtíberas, de origen no
10 muy bien conocido. En el siglo III A.C.[1] llegan los romanos y convierten la península en una colonia romana. Establecen la lengua latina, su sistema de gobierno y su organización social y económica. Más tarde introducen la religión cristiana. Se ha dicho que
15 la península llega a ser la colonia más romanizada de todas.

La lengua que adoptan es la que se llama «el latín vulgar», o sea la lengua del pueblo y no la lengua

celtíberas   *Celt-Iberian*

convierten   *convert*

se ha dicho   *it has been said*

o sea   *that is*

---

* *In the "Vocabulario útil" and in the marginal glosses the gender of nouns will be indicated with the following exceptions: masculine nouns ending in -o, feminine nouns ending in -a, -d, -ión.*

[1] A.C. (antes de Cristo)   *before Christ, that is, B.C.*

clásica. El español que hablan hoy más de 300 millones de personas desciende de esa lengua. Las lenguas «neo-latinas»[2] como el portugués, el francés, el italiano, el rumano y el español se parecen tanto
5 porque todas tienen como base la lengua latina.

Los romanos consideran a los pueblos conquistados como ciudadanos del imperio y este concepto determina el sistema usado por los españoles en el Nuevo Mundo. La empresa colonial es una actividad dirigida
10 por el rey, y las tierras descubiertas son de él. La idea inglesa de permitir a los intereses privados los derechos de propiedad resulta en un lazo básicamente económico entre los colonos y las empresas privadas en la madre patria. Los productos de las colonias
15 españolas se consideran iguales a los productos de la península. El comercio moderno no entra en este sistema hasta el siglo XVIII.

La cultura romana también influye en las costumbres y los hábitos diarios del pueblo español. La
20 conocida costumbre de la siesta toma su nombre de la palabra latina *sexta,* o sea la sexta hora del día. Esto refleja el dicho romano: «Las seis primeras horas del día son para trabajar; las otras son para vivir». Claro que esto se debe a las necesidades físicas de la
25 gente en un clima cálido. En estas regiones es preferible trabajar durante las horas más frescas. Hasta hoy, en muchas partes del mundo hispánico es costumbre dormir la siesta después de la comida. En algunas ciudades más tradicionales todas las tiendas
30 y oficinas se cierran hasta las cuatro de la tarde. Vuelven a abrirse desde las cuatro hasta las siete u ocho de la tarde.[3]

Otra tradición famosísima en el mundo hispánico es la corrida de toros,[4] que combina elementos de
35 deporte, arte y diversión en un espectáculo lleno de

desciende *comes from*

se parecen *are similar*

ciudadanos *citizens*

empresa *enterprise*
dirigida *directed*

propiedad *property*
lazo *tie*
colonos *colonists*
madre patria *mother country*

diarios *daily*

sexta *sixth*
dicho *saying*

se debe a *is due to*
cálido *warm*

diversión *entertainment*

---

[2] las lenguas neo-latinas *the Romance languages. French, Provençal (southern France), Italian, Spanish, Portuguese, Romanian, Galician (northwest Spain), Catalan (northeast Spain), Sardinian, and Romansh (eastern Switzerland) are some of the known Romance languages and dialects.*

[3] siete u ocho de la tarde *seven or eight P.M.* Tarde *(afternoon) is usually used until about eight P.M., when it becomes* noche *(night). A date to meet* por la tarde *usually means between five and eight P.M.*

[4] la corrida de toros *bullfight.* Corrida *comes from the fact that the bulls were "run" to the ring before the fight or* lidia.

emoción. Los romanos la popularizan en el circo, donde se ofrecían toda clase de juegos para la diversión popular. Hasta Julio César[5] aprendió a torear en la península y autorizó las primeras corridas.

5   El concepto de la ciudad como centro de la cultura y del gobierno también es una de las contribuciones importantes de los romanos. Esta tendencia hacia la urbanización ha sido muy notable en Hispanoamérica desde la época colonial. Los centros de México, Lima

10 y Buenos Aires sirvieron como sedes del gobierno español y todavía se distinguen del resto del país por su influencia y poder. Después de la independencia, la política de estos países es dominada por la lucha entre la ciudad y las provincias.[6]

15 Los romanos, pues, influyen mucho en la formación básica de la sociedad hispánica.

circo *circus*
se ofrecían *were provided*
hasta *even*
aprendió a torear *learned to fight bulls*
autorizó *authorized*

sirvieron *served*
sedes *(f) seats*

II. LA CULTURA VISIGODA

En el siglo V de la época cristiana las tribus germánicas del norte de Europa invaden todo el imperio

20 romano que se halla sin el apoyo del pueblo para resistir. Estas tribus son primitivas y abiertas a la cultura romana. Se convierten al catolicismo, adoptan la lengua latina y se establecen en los mismos centros que han usado los romanos. En vez de contribuir con

25 elementos nuevos a la cultura española, más bien refuerzan y desarrollan los elementos existentes. Su mayor contribución original es el feudalismo, sistema económico que imponen en toda Europa. Este sistema—producto de una sociedad guerrera—da el

30 control de la tierra a un señor. Éste recibe parte de los productos de la gente que habita su tierra y la protege de otros señores. El monarca de todos los

se halla *finds itself*
apoyo *support*

más bien *rather*

imponen *impose*
guerrera *warrior*
señor *(m) lord*

protege *protects*

---

[5] Julio César *Julius Caesar. Roman leader of the first century B.C., immortalized in the famous play of the same name by Shakespeare.*

[6] las provincias *provinces. In most of the Hispanic world the subdivisions of countries are called provinces; many also use* departamentos, distritos, *or* estados (states). *Mexico, for example, is officially named* Los Estados Unidos Mexicanos.

señores reina sólo con el permiso de éstos. Es éste el   reina   *rules*
sistema que determina la organización feudal de las
colonias del Nuevo Mundo.

III. LA CULTURA ÁRABE

5   Los moros[7] están en España desde 711 hasta 1492,
y son tal vez la influencia más importante para la
formación de la cultura española después de los romanos. España es la única nación europea que recibe
el dominio de la brillante cultura del norte de África.
10 En el resto de Europa la misma época se caracteriza
por una falta de progreso y de desarrollo cultural.

La historia popular de España considera que la
Reconquista[8] de la península comienza en el año 711
y termina en 1492 cuando el último de los reyes
15 africanos es expulsado de Granada. Esta convivencia   expulsado *expelled*
de ocho siglos da como resultado una cultura muy   convivencia *living*
heterogénea.   *together*

El centro del reino moro en España se establece   reino   *kingdom*
en la ciudad de Córdoba. Esta ciudad llega a ser
20 un gran centro cultural, con una biblioteca de unos
400.000 libros. En su universidad se enseña medicina,
astronomía, botánica, gramática, geografía y filosofía.
A causa de la influencia árabe se usan hoy los
números arábigos en lugar de los romanos. En parte,
25 los conocimientos de los árabes vienen de la cultura
griega antigua, que los moros divulgaron con sus artes   divulgaron *made*
de traducción. Los califas[9] tenían una actitud gene-   *known*
rosa hacia el arte y la sabiduría en general porque los   sabiduría *knowledge*

---

[7] los moros   *Moors. This is the general term applied to the Arabs* (árabes) *who invaded Spain from North Africa in the eighth century. Most were of the Islamic faith, followers of Mohammed* (Mahoma), *called Moslems* (musulmanes). *The Spanish Christians who submitted to Islamic rule were allowed to practice their own religion and were called* mozárabes. *Those who converted were* muladíes.

[8] la Reconquista   *Reconquest. The period of Spanish history from 711 to 1492 (especially between 711 and 1254), when the Spanish Christians, who had taken refuge in the northern mountains, carried on a constant war in an effort to expel the Moors. The wars were mostly between individuals, but the religious factor gave some unity to the two sides.*

[9] los califas   *caliphs. Rulers who were successors of Mohammed and combined secular and religious authority over a given region called a caliphate* (califato).

árabes pensaban que la creación de la belleza exterior era una forma de adorar a Dios.

adorar *to worship*

Muchas palabras árabes forman la base de los términos usados hoy en todas las lenguas occidentales.
5 Palabras como alcachofa, alfalfa, algodón y azúcar son de procedencia árabe, como lo son los productos a que se refieren. También las palabras relacionadas con las ciencias: alcohol, alcanfor, alquimia, cero, cifra y jarope. Varias otras como azul, escarlata,
10 alcoba y ajedrez representan aspectos de la vida diaria. Otras palabras de origen árabe son: almohada, adobe, alfombra, alcalde, aduana, barrio, y los nombres de muchas plantas y flores, como azucenas y zanahorias. La mayoría de estas palabras comienza
15 con *a* o con *al* porque éste es el artículo en árabe.

alcachofa *artichoke*
algodón *(m) cotton*
azúcar *(m) sugar*

alcanfor *(m) camphor*
cifra *cipher*
jarope *(m) syrup*
alcoba *bedroom*
ajedrez *(m) chess*
almohada *pillow*
alfombra *carpet*
alcalde *(m) mayor*
aduana *customshouse*
azucenas *lilies*
zanahorias *carrots*

En arquitectura, figuran varios ejemplos que todavía nos impresionan: la Alhambra, el Alcázar de Sevilla y la Mezquita de Córdoba con sus 1418 columnas. Su estilo es muy elaborado en las fachadas y
20 los patios interiores y de ahí viene la palabra «arabesco». La religión musulmana prohibe el uso de imágenes de seres vivos en el decorado y por eso hay pocos ejemplos de ello. Otra característica particular de sus construcciones es el uso de azulejos; sus méto-
25 dos para hacer brillar la loza nunca han sido igualados.

fachadas *façades*

seres *(m) beings*

azulejos *ceramic tiles*
brillar *to shine*
loza *porcelain*
igualados *equaled*

De la música, tanto instrumental como vocal, poco se sabe. El laúd, instrumento de cuerdas que luego se incorporó a la música europea, era de origen árabe.
30 Algunos creen que la poesía amorosa de Europa tiene su origen en la tradición árabe. Tiende a ser poesía sensual y a veces erótica, que celebra los placeres de la vida.

laúd *(m) lute*

amorosa *of love*

placeres *pleasures*

La cultura mora contribuye a engrandecer la cul-
35 tura española en comparación con el resto de Europa entre los siglos VIII y XIII. A mediados del siglo XIII la mayor parte de la península es reconquistada y la influencia mora comienza a disminuir. La provincia de Granada pasa a manos de los españoles en
40 1492, año en que comienza un próximo gran choque de culturas en América.

engrandecer *to exalt*

a mediados *in about the middle*

disminuir *to diminish*
pasa a manos *falls into the hands*
choque *(m) collision*

IV. LOS IDIOMAS DE ESPAÑA

Aun hoy no se puede decir que haya «una» cultura española. Hoy se hablan cuatro idiomas en España y varios dialectos también. En el país vasco, en el norte central de la península, hablan vascuence, un idioma   vascuence   *(m) Basque*
5 cuyo origen todavía no está totalmente establecido. En la región de Galicia, en el noroeste, hablan gallego, un idioma parecido al portugués. En el noreste,   parecido a   *similar to* en la región de Cataluña, hablan catalán, otro idioma neo-latino. El cuarto idioma es el idioma oficial de 10 la nación, el castellano—el idioma de Castilla en el centro del país—o sea, el que llamamos muchas veces el español.

Claro que todos los españoles hablan castellano además de su idioma regional, pero frecuentemente prefieren hablar el otro idioma en casa. Durante la dictadura de Francisco Franco se prohibió el uso de 5 los idiomas regionales oficialmente pero la gente seguía usándolos en casa. Franco creía que era necesaria esta prohibición para conseguir más unidad en el país. Después de su muerte el gobierno democrático permitió los idiomas regionales como segundo 10 idioma en las escuelas. En España también existe el problema de la educación bilingüe.

dictadura *dictatorship*

seguía usándolos
  continued using them
conseguir *achieve*

educación bilingüe
  bilingual education

Práctica

I. Preguntas sobre el texto

1. ¿Dónde se encuentra España?   2. ¿Quiénes son los primeros conquistadores de la península?   3. ¿Cuál es la colonia más romanizada del imperio romano?   4. ¿Qué es el latín vulgar?   5. ¿Cuántas personas hablan español hoy?   6. ¿Cuáles son las lenguas neo-latinas?   7. ¿De dónde viene la palabra *siesta*?   8. ¿Cuáles son las grandes ciudades de Hispanoamérica?   9. ¿Quiénes llevan el feudalismo a España?   10. ¿De dónde vienen los moros?   11. ¿Dónde se establece el centro del reino moro en España?   12. ¿Cuántos siglos viven los moros en España?   13. Después de la Reconquista, ¿qué actividad comienzan los españoles?   14. ¿Cuáles son los cuatro idiomas de España?   15. ¿Qué es el castellano?

II. Preguntas personales

1. ¿Dónde se encuentra el pueblo natal (*birthplace*) de usted?   2. ¿Duerme usted la siesta?   3. ¿Ha visto usted una corrida de toros? ¿Quiere ver una corrida?   4. ¿Prefiere usted vivir en una ciudad? 5. ¿Escribe usted poesía?   6. ¿Mucha gente habla otro idioma donde usted vive? ¿Cuáles?   7. ¿Habla usted otro idioma?   8. ¿Cuál es su opinión sobre la educación bilingüe?

III. Puntos de contraste cultural

1. ¿Cuál es la diferencia entre el propósito colonizador inglés y el español en el Nuevo Mundo?
2. ¿Por qué no existe la costumbre de la siesta en los Estados Unidos?

3. ¿Cuál es la composición racial de los españoles al llegar a América? ¿Y de los ingleses? ¿Qué importancia tiene esto para el indio americano?

4. ¿Qué diferencias hay entre «los idiomas de España» y «los idiomas de los Estados Unidos»?

IV. Ejercicios de vocabulario

A. Buscar 25 palabras en el texto que sean similares en forma y significado a sus equivalentes en inglés.

B. Encontrar una palabra en la segunda columna del mismo significado de la primera.

I.	II.
1. cargar	a. únicamente
2. sólo	b. origen
3. procedencia	c. contribuir
4. aportar	d. romano
5. latino	e. llevar
6. utilizar	f. usar

C. Juntar las palabras relacionadas.

MODELO: saber *sabiduría*

I.	II.
1. calor	a. lingüístico
2. emperador	b. cálido
3. pueblo	c. reino
4. antes	d. imperio
5. rey	e. poblador
6. lengua	f. anterior

D. Completar las siguientes formas.

1. convertir	**conversión**	3. filólogo	**filología**
divertir	_____	filósofo	
_____	**inversión**	_____	**sicología**
2. comenzar	**comienzo**	4. trabajar	**trabajador**
_____	**encuentro**	observar	
gobernar	_____	_____	**poblador**

E. Señalar los verbos contenidos en los siguientes derivados.

MODELO: desorganizar *organizar*

1. convivir	4. reconstruir
2. mantener	5. desaparecer
3. desocupar	6. desacostumbrar

V. Ejercicios de composición dirigida

A. Completar las frases según el texto, utilizando las palabras entre paréntesis y otras necesarias.

1. La cultura hispánica...
   (producto, siglos, contactos, muchos, con, culturas, varias, es)
2. Se ha dicho que la península...
   (todas, romanizada, ser, colonia, llega a, más)
3. Otra tradición...
   (hispánico, toros, famosísima, mundo, corrida, es)
4. El feudalismo es el sistema que...
   (Nuevo Mundo, colonias, determina, económica, organización)
5. La conquista de América...
   (cuatro, más, siglos, actividad, ofrece, intercultural)

B. Completar las frases, refiriéndose al texto.

1. El pueblo español adopta el latín vulgar o sea...
2. La conocida costumbre de la siesta...
3. Los visigodos, en vez de contribuir con elementos nuevos...
4. Muchas palabras de origen árabe comienzan con *a* o *al* porque...
5. Los más indicados para colonizar el Nuevo Mundo eran los españoles por...

VI. Para usar la imaginación

Imagine Ud. que va en una «máquina de tiempo» que lo lleva a la España de la Edad Media. Pero Ud. no sabe dónde está. ¿Qué preguntas hace cuando encuentra a una persona del lugar? ¿Qué respuestas da la persona?

2

Orígenes de la cultura hispánica: América

Vocabulario útil

Estudiar estas palabras antes de leer el ensayo.

arqueólogo archaeologist
astronomía astronomy
conocimiento knowledge
construir (construye) to build
desarrollo development
descubrimiento discovery
dios *m* god
dominar to dominate
emperador *m* emperor
fundar to found
gobernar to govern, rule

hecho fact
imperio empire
incluir (incluye) to include
maíz *m* corn, maize
nivel *m* level
piedra stone, rock
reciente recent
requerir (ie) to require
siglo century
utilizar to utilize, use

Al llegar los conquistadores españoles al Nuevo
Mundo en el siglo XVI se encontraron con las grandes
civilizaciones de México y del Perú. Tal vez nosotros,
en el siglo XX, podemos entender el asombro que
5 causaron estos descubrimientos si pensamos en nuestra reacción al encontrar nuevas civilizaciones en
otros planetas.

    Tanto los aztecas de México como los incas del
Perú formaban imperios recientes que se habían esta-
10 blecido por medio de la conquista violenta de las
tribus anteriores. La civilización maya, que casi había
desaparecido, tenía varios siglos de existencia y desarrollo. Las tres culturas presentan diversos aspectos
interesantes y aportan nuevos elementos a la cultura
15 hispánica.

al llegar *on arriving*

asombro *awe*

tanto... como *both
. . . and*
por medio de *by means
of*
casi *almost*
desarrollo *development*

I. LOS AZTECAS

    En el lugar llamado Anáhuac, donde está hoy la
capital de México, los aztecas habían dominado otras
tribus durante unos dos siglos.
20   En 1325 fundaron Tenochtitlán, una ciudad que

tribus *(f) tribes*

redujo al silencio a Cortés[1] cuando la vio por primera
vez. Bernal Díaz,[2] uno de los 400 soldados de Cortés,
la describió así: «Y...vimos cosas tan admirables [que]
no sabíamos qué decir...si era verdad lo que por de-
5 lante parecía, que por una parte en tierra había
grandes ciudades, y en la laguna otras muchas, y
veíamos todo lleno de canoas,...y por delante estaba
la gran ciudad de México». Los aztecas habían fun-
dado la ciudad en un lago con puentes que la co-
10 nectaban con la tierra.

    Al llegar al valle de México los aztecas absorbieron
la cultura tolteca[3] cuya religión incluía el mito de
Quetzalcoatl, un hombre-dios de la civilización, benévolo, que enseñaba las artes y los oficios necesarios
15 para el hombre en la tierra. Al mismo tiempo, el dios-
patrón de la tribu, Huitzilopochtli, era el dios de la
guerra, quien exigía continuas ofrendas de sangre
humana. Es difícil explicar cómo los aztecas llegaron
a adorar a dos dioses tan antagónicos. Creían que
20 Quetzalcoatl había creado al hombre regando su
propia sangre sobre la tierra. En consecuencia, pensaban que era necesario recompensar a los dioses con
sangre.

    Los conceptos religiosos sutiles se combinaban
25 con un sistema político avanzado. El emperador era
a la vez un sacerdote y su poder fluía de esta combinación de autoridad religiosa y política-militar. El
imperio se basaba en la completa subyugación de casi
todas las tribus del centro de México. Este hecho hizo
30 relativamente fácil la conquista por los españoles en
1521, ya que formaron alianzas con las tribus sub-
yugadas para derrotar a los aztecas.

    Durante los dos siglos de la civilización azteca, su

redujo	*reduced*
por delante	*ahead*
parecía	*appeared*
por una parte	*on one side*
laguna	*lagoon*
lleno	*full*
lago	*lake;* puentes *bridges*
absorbieron	*absorbed*
cuya	*whose*
benévolo	*benevolent*
quien	*who*
exigía	*demanded*
ofrenda	*offering*
adorar	*to worship*
antagónicos	*contrary*
regando	*sprinkling*
recompensar	*repay*
sutiles	*subtle*
avanzado	*advanced*
sacerdote	*(m) priest*
fluía	*flowed*
subyugación	*subjection*
alianzas	*alliances*
derrotar	*defeat*

[1] Cortés *Hernán Cortés (1485–1547) led the first expedition into Mexico and conquered the Aztecs in the central valley in 1521.*

[2] Bernal Díaz (del Castillo) *(1492–1584) Author of* Historia verdadera de la conquista de la Nueva España *(Mexico), which he wrote to present the common soldier's view of the conquest of Mexico.*

[3] tolteca *The Toltecs (or "master craftsmen"), about whom relatively little is known, occupied much of the central area of Mexico prior to the Aztecs. They were the builders of the pyramid city, Teotihuacán, near modern day Mexico City. The Aztecs, lacking a historical tradition of their own, began to consider themselves descendants of the Toltecs and adopted their history.*

sociedad cambió de una forma democrática a una
forma aristocrática. El emperador Moctezuma II, que
reinaba cuando llegó Cortés, vivía en un palacio comparable en su lujo a los palacios europeos. Pero el lujo
5 y aparente prosperidad cubrían un estado sicológico
deprimido. Varios acontecimientos habían hecho
creer a Moctezuma que se acercaba el fin del imperio.
Cuando llegó Cortés con sus soldados, la superstición de los jefes los condujo a una resistencia débil.
10 Pensaron que los españoles montados a caballo eran
monstruos y además, los indios no tenían armas de
fuego como las que poseían los españoles. Dentro
de poco tiempo, éstos habían reconstruído una nueva
ciudad sobre los escombros de uno de los imperios
15 más impresionantes del mundo.

reinaba *ruled*
lujo *luxury*
cubrían *covered*
deprimido *depressed*
acontecimientos
  happenings
se acercaba *was*
  approaching

montados *riding*
armas de fuego *firearms*
poseían *possessed*
reconstruído *rebuilt*
escombros *ruins*

II. LOS INCAS

Aunque los arqueólogos creen que los primeros pueblos indígenas del Perú datan de 10.000 años antes de Cristo, cuando desembarcó Pizarro[4] en 1532 los incas apenas tenían un siglo de dominio imperial
5 en las montañas. Igual a los aztecas, eran un pueblo militar que había establecido su dominio sobre las otras tribus durante el siglo XV. Como los aztecas, también se consideraban el pueblo elegido del sol. El emperador (llamado «el Inca») recibía su poder
10 absoluto por el hecho de ser descendiente directo del sol. Creían que el primer emperador, Manco Cápac (que vivió en el siglo XIII), era hijo del sol.

Aunque había una clase de nobles mantenidos por el pueblo, el resto de la sociedad de los incas tenía
15 aspecto socialista. La comunidad básica era el «ayllu».[5] Cada comunidad tenía derecho a una cantidad de tierra suficiente para producir sus alimentos y la trabajaban en común. Otro pedazo de tierra se designaba para el estado (los nobles) y otro pedazo
20 para los dioses (la iglesia y el clero). La gente del *ayllu* cultivaba esta tierra también y los productos constituían un tipo de impuestos sobre la comunidad. Los productos de la tierra del estado iban para mantener a los nobles, al ejército, a los artistas y
25 también a los ancianos y enfermos que no podían producir su propio alimento. Si ocurría algún desastre en un *ayllu*, como una inundación, el gobierno les proveía comida de sus almacenes. Los hombres tenían la obligación de contribuir una porción de
30 tiempo cada año a las obras públicas como caminos y acueductos que se comparaban con los de Europa. El uso de la piedra para la construcción y su sistema de riego eran maravillosos.

desembarcó   *landed*

igual a   *just like*

elegido   *chosen*

alimentos   *foodstuffs*

pedazo   *piece*
se designaba   *was reserved for*
el clero   *the clergy*

impuestos   *taxes*

ejército   *army*
ancianos   *elderly*

inundación   *flood*
proveía   *provided*
almacenes   *warehouses*

riego   *irrigation*

[4] Pizarro   *Francisco Pizarro (1476–1541) along with his brothers, Gonzalo, Juan and Hernando and Diego de Almagro assured the conquest of the Inca empire when they seized and killed the last emperor, Atahualpa, in 1533.*
[5] ayllu   *The ayllu was, in pre-Incan times, essentially a clan with kinship as its basis. It is believed that it evolved under the Incas to a more politically organized community. Mountain communities in modern Peru are still called ayllus.*

En los tejidos los incas ya conocían casi todas las técnicas que conocemos hoy y hacían telas superiores a las que producimos hoy. Dos factores estimularon el desarrollo del arte de tejer: el clima de las mon-
5 tañas y la lana de la llama. El tejer era una actividad exclusivamente femenina y se pasaban los conocimientos de madre a hija, refinándolos cada vez más. Las tejedoras eran muy protegidas por el estado y las mejores fueron llevadas a conventos especiales
10 donde pasaban la vida tejiendo. Usaban los tejidos para enterrar a las personas de importancia—semejante a los egipcios.

En otras técnicas como la cerámica y el uso de metales también sobresalieron los incas. Parece que
15 tenían conocimientos avanzados de medicina, especialmente en la cirugía, ya que operaban el cráneo cuando era necesario.

tejidos   *textiles*

arte de tejer   *art of weaving*

cada vez más   *more and more*
tejedoras   *weavers*
protegidas   *protected*

egipcios   *Egyptians*

cirugía   *surgery*
cráneo   *skull*

III. LOS MAYAS

De las grandes culturas indígenas, la que más ha
20 intrigado al hombre moderno es la cultura maya. Ésta ocupaba el sureste de México, Guatemala y Honduras. Fue la civilización más brillante de todas las del continente.

Tuvieron una cultura casi tan avanzada como las
25 contemporáneas de la región mediterránea. Cuando llegaron los españoles, la civilización maya ya había decaído por razones desconocidas y un poco misteriosas. Sólo se sabe que en el siglo XV los mayas comenzaron a abandonar sus grandes centros religio-
30 sos como Chichén Itzá, cerca de Mérida, en Yucatán, México.

Los arqueólogos dividen las fechas de la cultura maya en tres períodos: de 1200 A.C. hasta 300 D.C.[6] como la época pre-clásica o formativa; del año 300 al
35 1000, la época clásica, en que la cultura alcanza su

intrigado   *intrigued*
sureste   *(m) southeast*

contemporáneas   *contemporary*
había decaído   *had decayed*

[6] D.C. (después de Cristo)   *A.D.*

nivel más alto; y del año 1000 hasta el siglo XVI como la época pos-clásica.[7]

Durante la primera época, los mayas establecieron las bases de su cultura e hicieron muchos descubri-
5 mientos importantes. Se cree que el calendario fue inventado en el siglo IV D.C. Su sistema de medir el tiempo es el aspecto más impresionante de sus logros culturales. No se sabe con seguridad por qué les interesaba tanto esto. La teoría es que con sus cono-
10 cimientos astronómicos podían pronosticar los fenó-menos celestes y que estos pronósticos servían a los jefes religiosos como base de su poder. En la región maya la economía se basaba en el cultivo del maíz. Según el *Popol Vuh*[8] el maíz había servido de material
15 para la creación del hombre.

El calendario maya del período clásico era más exacto que los de Europa porque correspondía mejor al año solar. Los mayas no tenían instrumentos astro-nómicos. Sólo utilizaban observatorios. Éstos tienen
20 una forma casi igual a la de los modernos, aunque hechos de piedra, con aberturas permanentes que marcan varios puntos en el curso del sol, de la luna y del planeta Venus.

Los mayas tenían dos años diferentes, uno cere-
25 monial de 260 días y otro civil de 365 días. Los cum-pleaños y los días de fiesta se celebraban de acuerdo con el año religioso o *tzolkin*. El año civil se dividía en 18 meses de veinte días cada uno y un mes de cinco días. La combinación de estos dos años daba un
30 ciclo de 18.980 días, o 52 años. Aunque para los mayas este ciclo no era importante, más tarde llegó a ocupar un lugar central en la cultura azteca.

El sistema maya de escribir los números es inte-resante por dos razones: incluye el concepto del cero
35 y utiliza las posiciones. Era un sistema vigesimal, que usaba puntos y varas para contar hasta veinte. Para

---

medir to measure
logros achievements

pronosticar to predict

aberturas openings
curso orbit

de acuerdo con according to

posiciones decimal places
vigesimal base 20
varas rods

---

[7] pos-clásica *The three periods correspond to developmental stages, with the classical period representing a relatively stable society at the height of its advancement.*
[8] *Popol Vuh* The sacred writings of the Maya, written down and translated into Spanish by missionaries in the sixteenth century.

sumar era superior al sistema romano usado en
Europa en la misma época.

En la escritura, los mayas habían llegado a tener
un sistema ideográfico en que los símbolos representa-
5 ban ideas en vez de ser dibujos de objetos.[9] Parece
que la escritura era cosa reservada a los sacerdotes y
a los sabios. Nuestra información sobre los jeroglíficos
mayas viene solamente de las estelas encontradas en
las ruinas y de tres códices.[10] Las otras obras mayas
10 conservadas, como los *Libros de Chilam Balam* y el
Popol Vuh, fueron escritas por los indios con el alfabeto español después de la conquista.

La religión maya era muy compleja y formalizada.
Tenía todo un panteón de dioses asociados principal-
15 mente con los días y los años y divididos entre buenos
(los que favorecían al maíz) y malos (los que lo perjudicaban). El principal objeto de la religión era obtener
salud y sustento. Con este fin ofrendaban varias cosas
a sus dioses, y hasta llegaron a sacrificar seres hu-
20 manos.

Lugares como Chichén Itzá y Tikal[11] servían sólo
de centros religiosos y no de ciudades. Los mayas
vivían en pequeños grupos, probablemente familiares, y nunca llegaron a urbanizarse. La arquitectura
25 maya muestra también una preocupación estética que
impresiona al observador moderno. Mientras que en
las otras culturas precolombinas el tamaño de las
pirámides era lo que indicaba su importancia, los
mayas ponían más énfasis en la ornamentación.

30 Los conocimientos prácticos de los mayas eran
bastante primitivos. La rueda existía, pero nunca la
usaron para mover cosas sino solamente como objeto
ceremonial. Los antropólogos creen que esto es por-

---

en vez de *instead of*
dibujos *drawings*
sabios *wise men*

panteón *pantheon*

perjudicaban *harmed*

salud *health*
sustento *sustenance*
ofrendaban *they made offerings of*

familiares *familial*

rueda *wheel*

---

[9] dibujos de objetos *Writing systems generally show three stages: (1) pictorial, where the writing consists of drawings of actions; (2) ideographic, where the symbols are conventionalized and stand for ideas, and (3) phonetic, where characters stand for sounds. Maya writing was ideographic, and some scholars think it was partially phonetic.*

[10] tres códices *A codex is a manuscript, especially of official or classical texts. Estelas (steles) are upright stone slabs bearing inscriptions, placed at the entrances of buildings, on graves, etc. The Libros de Chilam Balam are fragmentary writings in the Spanish alphabet recorded by Mayan priests after the conquest.*

[11] Tikal *A Mayan ruin in northern Guatemala. Probably the largest and oldest (approximately 400–300 B.C.) of the known ceremonial centers.*

que su único animal doméstico era el perro, que no podía servir de animal de carga.

animal de carga *beast of burden*

Igualmente primitivos eran sus métodos agrícolas. Utilizaban el sistema de la «milpa», que significa el
5 uso de un pedazo de tierra de dos a cuatro años, mientras da una cosecha buena. Después se deja esa tierra sin cultivar por diez años. Esta técnica requiere, en la región de Yucatán, unas cinco hectáreas[12] por año para mantener una familia de cinco personas, o
10 unas 30 hectáreas para mantenerla permanentemente.

cosecha *crop*

mantener *to sustain*

Esta dependencia del maíz es interesante porque requiere sólo unos 76 días de trabajo al año. Esto deja bastante tiempo para actividades religiosas, festivas y recreativas y para la construcción de los centros
15 ceremoniales. Esto también puede explicar el desarrollo de un gusto estético e intelectual bastante refinado en medio de una tecnología y una organización social primitivas.

Al examinar el nivel de las culturas indígenas del
20 Nuevo Mundo es fácil imaginar el asombro que causaron a los españoles. También si se compara esta situación con la de los ingleses—un pueblo homogéneo que se encuentra frente a tribus de indios nómadas—se comienzan a comprender las diferen-
25 cias que aparecen en las sociedades modernas.

nómadas *nomadic*

IV. EL INDIO EN LA ACTUALIDAD

Hoy el indio representa en algunos países hispanoamericanos el problema social de mayor gravedad. En México, Centroamérica y los países andinos hay
30 todavía indios que no hablan castellano. En el Perú se calcula que hasta el 40% de la población habla solamente el quechua o el aymará (los idiomas indios). En Bolivia solamente el 36% habla castellano como idioma nativo.

gravedad *seriousness*

andinos *Andean*

35 En México, donde se ha hecho un esfuerzo muy grande después de la Revolución de 1910 de incor-

esfuerzo *effort*

[12] cinco hectáreas *twelve acres. One hectare equals 2.47 acres.*

porar al indio en la sociedad, quedan todavía casi   quedan *there remain*
cinco millones de personas que no hablan castellano.

En el Perú, donde millones de indios viven todavía
en los «ayllus» de la época incaica, el problema es
5 muy serio. En cierto sentido los indios no quieren
cambiar su vida tradicional de la comunidad. Sin
embargo, la incorporación en la sociedad mayor casi
siempre requiere ese paso. Presenta un dilema que   requiere *requires*
nadie ha podido resolver. Obviamente tiene algunas   paso *step*
10 de las mismas características del problema de las
«reservaciones» de indios en los Estados Unidos.

Práctica

I. Preguntas sobre el texto

1. ¿Cuáles fueron las grandes civilizaciones que encontraron los españoles en América?   2. ¿Qué pueblo habitaba la región de la ciudad de México?   3. ¿Cuál era la gran ciudad de los aztecas?   4. ¿Cuáles fueron los dioses principales de los aztecas?   5. ¿Por qué no resistió mucho Moctezuma II a los españoles?   6. ¿Qué hicieron los españoles en Tenochtitlán después de la conquista?   7. ¿Dónde vivían los incas? 8. ¿En qué técnicas sobresalieron los incas?   9. ¿Quién era Manco Cápac?   10. ¿Dónde se encontraban los mayas?   11. ¿Cuál era el invento más impresionante de los mayas?   12. ¿Cómo eran sus observatorios?   13. ¿Cuál era el alimento principal de los mayas?   14. ¿Cuál era el aspecto más importante de las pirámides de los mayas? 15. ¿Cuántos días al año requiere el cultivo del maíz?

II. Preguntas personales

1. ¿Le interesa a usted la arqueología? ¿Por qué?   2. ¿Vio usted alguna vez una de las ruinas en México? ¿Cuál(es)?   3. Algunas personas creen que los indios recibieron visitantes de otros planetas. ¿Qué cree usted?   4. ¿Cuántos días al año trabajamos hoy día por lo general? 5. Cuando los padres de usted eran jóvenes, ¿cuántos días trabajaban al año?   6. ¿Cree usted que en el futuro vamos a trabajar menos días al año?   7. ¿Vamos a desarrollar un gusto estético más refinado en el futuro?

III. Puntos de contraste cultural

1. ¿Cuáles son algunas de las diferencias entre las experiencias de los españoles y de los ingleses al llegar al Nuevo Mundo? ¿Tuvieron estas diferencias efectos en las sociedades modernas? ¿Cuáles?

2. ¿Cuáles son algunas diferencias entre la situación del indio norteamericano y el indio hispanoamericano hoy día?

IV. Ejercicios de vocabulario

A. Completar las siguientes formas.

1. llegar **llegada**   llamar _____
2. abrir **abertura**   escribir _____
3. dibujar **dibujo**   cultivar _____
4. organizar **organización**   colonizar _____
5. existir **existencia**   influir _____

B. Encontrar los sinónimos.

1. pronósticos   a. controlar
2. dominar   b. decorado
3. comprensión   c. predicciones
4. adorno   d. castellano
5. español   e. entendimiento

C. Completar según los modelos.

MODELO: cultura *cultural*

1. ceremonia _____   5. trópico   _____
2. centro   _____   6. intelecto _____
3. vigésimo   _____   7. punto   _____
4. continente _____   8. concepto _____

MODELO: brillo *brillante* *brillar*

1. impresión   _____   _____
2. _____   interesante   _____
3. _____   _____   obsesionar

MODELO: abundancia *abundante* *abundar*

1. procedencia _____   _____
2. _____   existente   _____
3. _____   _____   coincidir

V. Ejercicios de composición dirigida

A. Completar las frases utilizando las palabras entre paréntesis.

1. Al llegar al valle de México...
   (absorbieron, tolteca, los aztecas, cultura)
2. Cuando desembarcó Pizarro en 1532...
   (dominio, montañas, los incas, siglo, tenían, apenas, imperial)
3. El sistema maya de medir el tiempo...
   (aspecto, es, más, impresionante, culturales, logros)
4. Según el *Popol Vuh*...
   (material, hombre, creación, sirvió, para, maíz)
5. La arquitectura maya muestra...
   (moderno, estética, impresiona, observador, preocupación)

B. Completar las siguientes frases.

1. El imperio azteca se basaba en...
2. Igual a los aztecas, los incas...
3. Para los mayas el maíz requería 76 días de trabajo, dejando tiempo para...
4. La religión maya era importante y Chichén Itzá era sólo...
5. Se puede entender la diferencia entre la actividad inglesa y la española en América si...

VI. Para usar la imaginación

Imagínese esta situación: Usted camina por la calle un día y se encuentra con una persona con dos antenas en la cabeza, cuatro ojos y ruedas en los pies. Dice «Lléveme a su jefe. Salí de mi planeta hace 2000 años». Con un colega o solo (según indique el profesor) haga usted una lista de las preguntas que usted le hace y las respuestas de él (¿ella?) sobre cómo era su cultura cuando salió de su planeta.

La religión en el
mundo hispánico

Vocabulario útil

Estudiar estas palabras antes de leer el ensayo.

además besides, in addition
ataque *m* attack
ayudar to help
corriente *f* current
dueño, -a owner
edificio building
enemigo, -a enemy
existir to exist, be
mayor larger, greater, older (with people)
mayoría majority
mostrar (ue) to show

ocurrir to happen
peor worse; **el peor** the worst
poder *m* power
reforzar (ue) to reinforce
sustituir (sustituye) to substitute
al contrario on the contrary, rather
más adelante later, further on
por lo general generally
por último finally
se puede (ver) one is able; it is possible (to see)

Después de las guerras púnicas[1] en el tercer siglo A.C., la península ibérica pasó a manos de los romanos. Hispania[2] era la más romanizada de las colonias del Imperio. Además del sistema legal y de la 5 cultura y la lengua latina, adoptó la religión cristiana de la Iglesia católica. Desde esa época, el catolicismo se convirtió en la religión oficial o al menos ha sido dominante en todo el mundo hispánico.

    La lucha que emprendieron los españoles en 711 10 contra los musulmanes tomó el carácter de una cruzada cristiana y reforzó la importancia de la Iglesia en la sociedad española. La Reconquista duró casi ocho siglos y resultó en 1492 en el establecimiento de la nación española. En ese mismo año, el descu- 15 brimiento de América ofreció a los españoles la oportunidad de cristianizar una nueva región del mundo.

    Durante este período de lucha, España se convirtió en el país católico más importante. Cuando la fe católica fue atacada por la Reforma protestante[3]

Imperio *Empire*

se convirtió *became*
al menos *at least*

lucha *struggle*
emprendieron *undertook*

duró *lasted*

descubrimiento *discovery*

cristianizar *to convert to Christianity*

fe *(f) faith*
atacada *attacked*

---

[1] las guerras púnicas *the Punic Wars. Three wars (264–241, 218–201, 149–146 B.C.), in which the Romans defeated the Carthaginians and made important progress in the creation of the Roman Empire.*

[2] Hispania *the Roman name for the Iberian Peninsula.*

[3] la Reforma protestante *Protestant Reformation. Begun in 1517 by Martin Luther in reaction to Catholicism.*

en Europa, España tuvo que defenderla. La Contrarreforma[4] se proclamó en el siglo XVI e hizo de España el enemigo de casi todo el resto de Europa. Se puede decir que esta última lucha religiosa es una
5 de las causas mayores de la decadencia del poder español en el mundo.

I. RELIGIÓN Y SOCIEDAD

Se puede ver que la Iglesia católica ha tenido gran importancia en la política de España. Lo mismo
10 ocurrió en el resto del mundo hispánico. Desde la época romana ha existido el concepto de la unidad de la Iglesia y el estado y aunque en los gobiernos modernos esta alianza no es oficial, en los más conservadores siempre existe una gran influencia. La
15 Iglesia tiende a influenciar al pueblo a favor del gobierno. Éste, a cambio, le da ciertas preferencias a la Iglesia que la ayudan en su deseo de mantener su posición espiritual exclusiva.

    Uno de los aspectos más debatidos del papel de la
20 Iglesia es la cuestión de su poder económico. Esto es especialmente importante en Hispanoamérica, donde el desarrollo económico es una cuestión política dominante. Los misioneros fueron los primeros en llegar a algunas regiones apartadas. Por eso, como la Iglesia
25 tuvo mucha permanencia como institución, se adueñó de un porcentaje notable de la tierra. Esta situación siempre resultó en crítica severa a la Iglesia.

    La Iglesia también tiene otros tipos de poder en las sociedades hispánicas. Está presente en cada
30 pueblo o centro de población y su organización es dirigida desde la capital, así que a veces resulta más eficaz que el gobierno nacional. También tiene gran influencia porque participa en los momentos más importantes de la vida del hombre, es decir, el bau-
35 tismo, el matrimonio y la muerte.

    Antes del siglo XX la gran mayoría de las escuelas

unidad	*unity*
pueblo	*people*
éste	*the latter*
a cambio	*in exchange*
preferencias	*advantages*
mantener	*to maintain*
debatidos	*debated*
papel	*(m) role*
cuestión	*matter*
desarrollo	*development*
apartadas	*distant*
se adueñó	*took possession*
dirigida	*directed*
a veces	*at times*
eficaz	*efficient*
bautismo	*baptism*
matrimonio	*marriage*

---

[4] la Contrarreforma *Counter-Reformation. The movement started by the Roman Catholic Church to reassert its spiritual hegemony in Europe.*

y universidades en el mundo hispánico eran parroquiales. La Iglesia servía como la mayor agencia de
caridad, y el cura ocupaba el lugar de consejero
personal de los ciudadanos. En los pueblos más apar-
5 tados, la iglesia, por ser el edificio más grande, servía
como centro de fiestas y reuniones sociales.
    Esta tremenda presencia en casi todos los aspectos
de la vida ha sido motivo de crítica por parte de
ciertos partidos políticos. Esta oposición a la Iglesia,
10 o anticlericalismo, ha sido una corriente política

parroquiales *parochial*

caridad *charity*
consejero *advisor*
ciudadanos *citizens*

reuniones sociales *(f)*
   social gatherings

especial en los países hispánicos durante toda la época moderna. Para el extranjero es muy necesario saber que la oposición consiste en una crítica de la Iglesia como institución política-social y casi nunca implica

5 un ataque a la fe católica. La gran mayoría de los políticos y ensayistas que critican a la Iglesia siguen siendo católicos.

implica *implies*

ensayistas *(m) essayists*
siguen siendo *continue to be*

II. LA RELIGIÓN Y LA VIDA PERSONAL

Lo anterior indica la presencia notable de la reli-
10 gión en la vida hispánica. Esta larga tradición religiosa ha resultado en una actitud especial hacia el papel de la religión en la vida. Hay pocas actividades tradicionales en que no se note la presencia de la religión.

15 La gran mayoría de las fiestas que se observan son fiestas religiosas. La Navidad y la Semana Santa[5] son sólo las más conocidas, pero además cada pueblo tiene su santo patrón y el día dedicado a ese santo se celebra cada año y es la fiesta más importante del

20 pueblo. En el mundo hispánico es costumbre celebrar el día del santo de una persona en vez de su cumpleaños. En algunos países, una de las fiestas más grandes es el carnaval, que marca el comienzo de la cuaresma. El bautismo, la primera comunión, y aun

25 el velorio, aunque son actos o ceremonias religiosos, ofrecen una ocasión de reunión social. En la Semana Santa, especialmente en España, hay procesiones y actos solemnes durante toda la semana. El Día de los Muertos[6] (2 de noviembre) se observa con activi-

30 dades religiosas también. En España es tradicional ir a ver *Don Juan Tenorio*,[7] obra dramática en la que hay escenas de ultratumba.

El misterio tiene bastante importancia en las prácticas religiosas del mundo hispánico. La fe, a veces

anterior *previous*

actitud *attitude*

santo patrón *(m) patron saint*
se celebra *is celebrated*

cumpleaños *(m) birthday*

marca *marks*
cuaresma *Lent*
aun *even*
velorio *wake*

ultratumba *beyond the grave*

---

[5] la Navidad y la Semana Santa *Christmas and Holy Week (the week before Easter Sunday).*
[6] el Día de los Muertos *All Souls' Day. A Catholic religious day marked by prayers and services for the souls in purgatory.*
[7] *Don Juan Tenorio* *a play by the famous Spanish playwright, José Zorrilla (1817–1893).*

profunda, resulta en una extrema religiosidad, enfocada en los aspectos maravillosos y misteriosos de la religión. Las iglesias tradicionales muestran esta preferencia con un decorado simbólico lleno de imágenes
5 que refuerzan la espiritualidad de la gente.

    El pueblo también usa la religión para explicar lo sobrenatural. La superstición tiende a fundirse con los conceptos ortodoxos para formar un punto de vista algo especial. Por ejemplo, la doctrina católica dice
10 que el purgatorio contiene las almas en pena. Mucha gente cree que estas almas visitan la tierra, se hacen visibles y algunas veces pueden perseguir a los vivos que les hicieron daño en la vida. Cuando algo bueno pasa se cree que es obra de algún santo.

religiosidad   *religiosity*
enfocada   *focused*

decorado   *setting*
imágenes   *(f) statues*
espiritualidad
  spirituality
sobrenatural
  supernatural
fundirse   *to fuse*

almas en pena   *souls in*
  agony
se hacen visibles
  become visible
perseguir   *to haunt*
daño   *harm*

Otras cosas que muestran la presencia constante de la religión son las palabras y frases exclamatorias de origen religioso. «Por Dios» o «Dios mío» son usados por cualquier persona en cualquier situación, mientras
5 que los equivalentes en inglés son reservados para ocasiones de más importancia. Además, es tradicional en el mundo hispánico dar nombres de personajes sagrados a los hijos. El nombre femenino más popular es María, que por lo general lleva también otro nom-
10 bre de la Virgen, como María del Rosario o María de la Concepción. Jesús o Jesús María es un nombre masculino común.

mientras que *while*

personajes sagrados *(m) sacred persons*

III. LA RELIGIÓN EN HISPANOAMÉRICA

Los españoles trajeron al Nuevo Mundo tradiciones
15 ya establecidas. La cristianización de los indios trajo ciertas modificaciones, si no en la doctrina, al menos en la manifestación de estas tradiciones.

Las grandes civilizaciones indígenas ya tenían sus antiguas religiones, que se distinguían del catolicismo
20 en que tenían muchos dioses. Cada uno tenía su función especial: el dios de la lluvia, el dios de la fertilidad, etc. Los santos católicos tenían a veces funciones parecidas, y los indios les dieron mucha importancia a estas funciones. Por eso, hasta hoy día, los santos
25 ocupan un lugar más importante entre la gente del pueblo en Hispanoamérica que en España.

Otra costumbre que puede venir de los indios es la de ofrecer algo—comida, por ejemplo—a la imagen del santo cuando se hace una petición.
30 Las religiones indígenas también revelaban cierto fatalismo vital, porque sus dioses eran más voluntariosos que el Dios cristiano. El concepto de que la vida en la tierra es una prueba por la cual el hombre gana la salvación no era común en estas religio-
35 nes. Se ganaba el paraíso de otras maneras: por la forma en que uno moría, o por la ocupación que se tenía en el mundo. Este fatalismo parece haber sobrevivido en el catolicismo de América.

ya establecidas *already established*

indígenas *native*
antiguas *ancient*

lluvia *rain*

parecidas *similar*

petición *request*

vital *toward life*
voluntariosos *willful*

prueba *test*

paraíso *paradise*

sobrevivido *survived*

Como los españoles, los indios vivían bajo un sistema en que el jefe del estado también era jefe religioso. Esta unión de las dos instituciones sugiere que para ellos también la religión formaba parte 5 integral de la vida.

sugiere *suggests*

IV. LA IGLESIA EN EL SIGLO XX

Las visitas del Papa Juan Pablo II a México, España y Centroamérica mostraron el gran cariño del pueblo hispánico por la Iglesia como institución. Muchas 10 personas esperaban que el Papa tomara una posición social más avanzada pero éste declaró que la Iglesia y los curas no deben participar en esos asuntos sino que deben mantener su posición como líderes espirituales del pueblo.

cariño *affection*

tomara *would take*
avanzada *advanced*
asuntos *matters*

15 Durante el siglo XX se han visto casos como los del padre Camilo Torres en Colombia y los curas de la ETA en el País vasco en España que sienten la necesidad de participar activamente en las luchas sociales. Torres dejó el sacerdocio en la década de 20 los sesenta y se unió a los guerrilleros de liberación nacional en su país. Esto va en contra de la posición oficial de la Iglesia pero los curas creen que es su deber luchar contra la injusticia social y económica según su propio criterio personal.

sacerdocio *priesthood*

deber *duty*
luchar *to struggle*
criterio *judgment*

25 Aunque la existencia de los «curas rebeldes» nos parezca un fenómeno reciente, no lo es. Fueron dos curas, el padre Hidalgo y el padre Morelos, los que proclamaron la independencia de México en 1810.

Es obvio que la religión ocupa un lugar central en 30 la civilización hispánica y en la vida del hombre hispánico. Este hecho es básico para conocer esa cultura en cualquiera de sus manifestaciones: el arte, la política, la filosofía o la sicología.

sicología *psychology*

Práctica

I. Preguntas sobre el texto

1. ¿Quiénes trajeron la religión cristiana a España?   2. ¿Qué otros aspectos culturales han venido de los romanos?   3. ¿Qué hizo España frente a la Reforma protestante?   4. ¿Cuál es uno de los poderes más debatidos de la Iglesia?   5. ¿En qué aspectos importantes de la vida participa la Iglesia tradicionalmente?   6. ¿Qué es el anticlericalismo? 7. ¿Qué ceremonias religiosas sirven como ocasión social?   8. ¿Cuál es el nombre femenino más común en el mundo hispánico?   9. ¿Qué contribuciones indígenas podemos observar en el catolicismo hispano-americano?   10. ¿Cómo explican los «curas rebeldes» sus acciones? 11. ¿Quiénes proclamaron la independecia de México en 1810?

II. Preguntas personales

1. ¿Le interesa a usted la religión?   2. ¿Qué aspectos positivos y nega-tivos hay en la religión organizada?   3. ¿Asiste usted a la iglesia con frecuencia?   4. ¿Asistía cuando era niño? ¿Por qué?   5. ¿Va a in-sistir en que sus hijos asistan a la iglesia?   6. ¿Cree usted que los padres deben imponer su religión a sus hijos? ¿Por qué?

III. Puntos de contraste cultural

1. ¿Qué diferencias hay en el papel de la religión entre el mundo hispánico y los Estados Unidos?

2. ¿Por qué no tiene la Iglesia tanto poder en los Estados Unidos como en el mundo hispánico?

3. ¿Qué prefiere usted, la religión misteriosa y dramática o la religión más racional y clara? ¿Por qué?

4. ¿Prefiere usted las iglesias modernas y sencillas o las antiguas y tradi-cionales? ¿Por qué?

IV. Ejercicios de vocabulario

A. Buscar 25 palabras en el texto que sean similares en forma y significado a sus equivalentes en inglés.

B. Utilizando los ejemplos de las palabras entre paréntesis, dar las palabras equivalentes en español.

MODELO: (institución) identification *identificación*

1. (romano) human _____
2. (historia) memory _____
3. (católico) romantic _____
4. (existencia) independence _____
5. (realidad) humanity _____

C. Completar los grupos siguientes.

1. establecer **establecimiento**
   ofrecer _____
   _____ **conocimiento**

2. importancia **importante**
   decadencia _____
   _____ **presente**

3. pena **penoso**
   fama _____
   _____ **maravilloso**

4. organizar **organización**
   participar _____
   _____ **modificaciones**

5. desarrollo **desarrollar**
   apoyo _____
   _____ **desear**

V. Ejercicios de composición dirigida

A. Completar las frases según el texto, utilizando las palabras entre paréntesis y otras necesarias.

1. El anticlericalismo ha sido...
   (política, corriente, durante, moderna, época, toda)
2. La gran mayoría de las fiestas...
   (observan, se, que, religiosas, fiestas, son)
3. Es costumbre en el mundo hispánico...
   (nombres, sagrados, personajes, hijos, dar)
4. Las religiones de los indios...
   (catolicismo, distinguían, se, en que, muchos, tenían, dioses)
5. La religión ocupa un...
   (civilización, central, lugar, hispánica)

B. Completar las frases siguientes de acuerdo a la lectura.

1. Además de la lengua, los romanos dieron a España...
2. El poder económico de la Iglesia es importante en Hispanoamérica porque...
3. En vez del cumpleaños es costumbre celebrar...
4. Las iglesias muestran el gusto del hombre hispánico por...
5. Entre los indios los dioses fueron sustituidos por...

VI. Para usar la imaginación

Imagine usted que tiene un hijo de 18 años. Él ha decidido afiliarse a (*to join*) un grupo religioso. El grupo se considera un poco extremado y todos los miembros deben entregar todas sus posesiones personales a la iglesia y tienen que vivir en la iglesia con los otros miembros. ¿Cómo sería el diálogo entre usted y su hijo cuando él le describe su plan?

Aspectos de la familia en el mundo hispánico

Vocabulario útil

Estudiar estas palabras antes de leer el ensayo.

adquirir (**ie**)   to acquire
contra   against
empresa   enterprise, business
estructura   structure
familiar *adj.*   family
grave   serious
heredar   to inherit
heredero, -a   heir
hogar *m*   home, hearth
matrimonio   married couple
menor   smaller, lesser, younger
   (with people)

pariente, -a   relative
perspectiva   prospect
preocupación   concern, worry
propiedad   property
propietario, -a   property owner
relacionarse con   to be related to
   (but not in the sense of kinship)
sentido   sense
sugerir (**ie**)   to suggest
tratar de   to deal with, to try to
valiente   brave
valor *m*   value

Una de las características más interesantes de cualquier cultura es la estructura de la familia y su papel en la sociedad. Se podría decir que la familia representa los valores de la sociedad en menor escala. En
5 el mundo hispánico los lazos familiares muestran rasgos importantes para la comprensión de la cultura. El sentido de familia se extiende a casi todas las esferas de la vida y en muchos casos es el sentimiento fundamental del individuo.

cualquier *any*
papel *(m) role*
en menor escala *on a small scale*

lazos *ties*
rasgos *traits*
esferas *spheres*

10 I. LOS LAZOS FAMILIARES

En el poema épico *Cantar de Mío Cid,*[1] del siglo XII, considerado como la primera obra de la literatura española, el Cid, además de guerrero valiente, es también padre de familia. Gran parte del poema trata de
15 cómo el Cid venga una ofensa cometida contra sus hijas. En la literatura española siempre ha existido mucha preocupación por el honor del individuo. Este

guerrero *soldier*

venga *avenges*

---

[1] *Cantar de Mío Cid   National epic of Spain, written about 1140 to glorify the deeds of the Spaniards in the Reconquest of the peninsula from the Moors. The Cid lived from about 1030 to 1099.*

honor está relacionado con los miembros de la familia; por ejemplo, la manera más común de atacar verbalmente a alguien es por medio de una ofensa a un familiar.

5   En la época moderna, se puede observar lo mismo en ciertos fenómenos lingüísticos. Los insultos más graves tienden a implicar a los miembros de la familia del insultado. En el poema *Martín Fierro*,[2] del siglo XIX, un gaucho trata de insultar a otro ofreciéndole
10   un vaso de aguardiente:

> "Diciendo: 'Beba, cuñao,'
> —'Por su hermana; contesté,
> Que por la mía no hay cuidao.' "

Existen varios insultos relacionados con la madre de
15   uno y el decir sencillamente «Yo soy tu padre» es una de las peores ofensas.

Todo esto sugiere la importancia fundamental del honor de la familia en la vida hispánica. Si se examina la sociedad contemporánea se puede ver que el senti-
20   miento de familia ejerce gran influencia en casi todas las instituciones sociales.

II. LA FAMILIA Y LA POLÍTICA

En la política, muchas veces los lazos familiares determinan las alianzas con más fuerza que la ideo-
25   logía o el partido. Aún más importante es la práctica del nepotismo en las burocracias. Esta práctica, que se prohibe frecuentemente en los Estados Unidos por ser ineficaz e injusta, es más común (y menos censurada) en el mundo hispánico. Además, las prohibi-
30   ciones tienen poco efecto porque nadie puede negar

por medio de   *by means of*
familiar   *(m) family member*

gaucho   *cowboy (Arg.)*
aguardiente   *(m) liquor*

partido   *political party*

ineficaz   *inefficient*
injusta   *unfair*

negar   *to deny*

---

[2] *Martín Fierro   Narrative poem by the Argentinean José Hernández, written in 1872. The poem is a classic study of the gaucho in his struggle against the move of civilization into the pampas. The quote says: "Drink, brother-in-law." "It must be because of your sister, 'cause I'm not worried about mine."*

que la lealtad y las obligaciones con la familia son
más importantes que otras consideraciones. Por eso,
se han visto casos en los que todos los oficiales de un
pueblo eran de la misma familia.

5 En el campo, los grandes propietarios han seguido
tradicionalmente otra práctica que influye en las relaciones familiares—el mayorazgo. Esta práctica le da
al hijo mayor toda la propiedad de la familia en vez
de dividirla entre todos los hijos. Esto se había hecho
10 desde la época romana en España y ha continuado
hasta hoy en muchas partes. El propósito es mantener
la propiedad entera en manos de una sola persona.
El hijo mayor tiene la obligación de mantener y de
cuidar a los otros hijos si ellos así lo desean. En tiem-
15 pos de crisis o de necesidad, los otros hijos pueden
usar el patrimonio. De hecho, la casa familiar siempre
es considerada como el hogar de los hijos, aún después
de casados. En las haciendas tradicionales es común
encontrar juntos a varios matrimonios y generaciones.
20 Muchas veces los hijos no establecen casa propia.
Existe, sin duda, cierta presión sobre los hijos para
que tengan una carrera, aunque es preferible que
sigan viviendo «en casa».

Ha habido muchos casos históricos y literarios de
25 segundones resentidos por falta de perspectivas, a no
ser la de casarse con la hija de otra familia sin here-
deros masculinos.

En el siglo XVIII en Hispanoamérica una de las
pocas posibilidades que tenía un segundón era el
30 ejército. Por ser de buena familia no podía dedicarse
al comercio o a otro oficio similar, y el gobierno
colonial estaba reservado para los españoles de la
península. La otra profesión posible era el clero.
Cuando nacieron las primeras ideas de independen-
35 cia, el ejército y el clero se unieron rápidamente a
las fuerzas rebeldes para conseguir más privilegios
para sí mismos. Esto ayudó mucho en la lucha contra
España. Simón Bolívar, considerado como el padre
de la independencia, era el segundo hijo de una fa-
40 milia numerosa. Pero Bolívar tuvo buena fortuna: un
tío le había dejado bastante dinero.

---

lealtad *loyalty*

de hecho *indeed*

casados *married*

sin duda *doubtlessly*
carrera *career*

segundones *second sons*
resentidos *resentful*
a no ser *except*

ejército *army*
oficio *trade*

clero *clergy*

para sí mismos *for themselves*

III. LA FAMILIA Y LA SOCIEDAD

La influencia de los sentimientos de familia también se extiende a la esfera social. Un gran número de ocasiones sociales son de tipo familiar. Generalmente, en los días de fiesta o los domingos, la familia
5 recibe en su casa o visita a otros miembros de la familia. Estas ocasiones se caracterizan por la presencia de los niños y los abuelos.

Lo que sorprende a los norteamericanos cuando visitan los países hispánicos es la presencia de los
10 niños en casi todas las fiestas.[3] Ellos se acostumbran a participar con los adultos en las fiestas y otras ocasiones, como las bodas y los bautismos. Tienden a formar parte de la familia en el sentido social desde muy pequeños. Así están aprendiendo continuamente
15 cómo comportarse en sociedad. Se acostumbran a tratar con personas de varias edades—abuelos, padres y hermanos mayores—, desarrollando así una capacidad que mantienen como adultos. Se ven grupos de personas de diferentes edades en lugares públicos
20 como el cine o los bailes. Hay menos tendencia a agruparse según la edad, como en la sociedad norteamericana. Por eso también es menos molesto llevar a la mamá o al hermano menor cuando dos jóvenes van al cine.[4]
25 No es raro encontrar a los abuelos, los padres y los hijos junto con algún tío o tal vez un primo viviendo en la misma casa. Los sociólogos han observado varias ventajas en esta situación. Una de ellas es que los niños tienen más personas que los cuiden, y por eso
30 no necesitan tanta atención de cada uno. También tienen más de un modelo y si, por desgracia, pierden a uno de los padres, hay otros adultos presentes. Con tantas personas en casa no es necesario pagar a al-

se acostumbran *become used to*

bodas *weddings*

comportarse *to behave*

agruparse *to gather*
molesto *bothersome*

ventajas *advantages*

por desgracia *unfortunately*

---

[3] *The cocktail party* (el cóctel) *purely for adults is a fairly recent phenomenon in urban areas. Children are not likely to attend these.*

[4] *The requirement of a chaperone when young people date is still common although not universal. It is not unusual to see a couple on a date with a younger sister or brother or the mother of one of the young people. As with many other social traditions it happens less often in large cities than in small towns.*

guien de afuera para cuidar a los niños—la palabra   de afuera   *from outside*
baby-sitter no tiene equivalente exacto en español.[5]
Las tareas domésticas se comparten y son menos pe-   se comparten   *are shared*
sadas. Las desventajas de esta convivencia son, para   pesadas   *troublesome*
5 los adultos, una falta completa de vida privada, y para
los niños, una falta de independencia, que se advierte
más tarde en sus acciones y personalidades de adulto.
    Una tradición que muestra lo que significa el lazo
familiar es la de incluir a todos los parientes, aún los
10 más lejanos, en lo que se considera la familia. Si llega   lejanos   *distant*

---

[5] *baby-sitter*   *the word* niñera *is sometimes used for this term, but it really means "nursemaid."*

un primo al pueblo desde otro lugar, se le trata como miembro de la familia local y tiene los derechos y privilegios correspondientes. Queda implícitamente invitado a visitar a la familia, a comer en la casa y
5 hasta a dormir allí si es posible. Este sentimiento de unidad es bastante fuerte en la familia y muchas veces domina la vida del individuo.

    Como en toda sociedad católica, los padrinos asumen serias obligaciones hacia los niños en caso de la
10 ausencia de los padres. Es verdaderamente un honor ser elegido padrino y ser considerado como un miembro de la familia.

derechos *rights*

queda... invitado *he has a standing invitation*

padrinos *godparents*

elegido *chosen*

IV. EL SIGNIFICADO DE LA FAMILIA

    En la familia inmediata o «nuclear» (padre, madre,
15 e hijos), es notable el papel del padre. Aunque tradicionalmente el hombre ha dominado en el hogar, él siempre ha tenido un contacto constante e íntimo con sus hijos. Aunque su «machismo» le impide cocinar o lavar la ropa, no por eso deja de cuidar a sus
20 niños con gusto y orgullo. El orgullo por los niños es algo que se destaca en la sociedad hispánica y que tal vez ha contribuido a mantener fuerte el sentido de la familia.

orgullo *pride*
se destaca *stands out*

    Este orgullo también contribuye a crear uno de los
25 problemas más graves de Hispanoamérica: el crecimiento desenfrenado de la población, que frustra los esfuerzos del progreso social. Además de la prohibición religiosa de los métodos artificiales de control de la natalidad, hay obstáculos sociales y personales que
30 hacen difícil que la gente acepte tales procedimientos. La masculinidad y la femineidad de ambos padres están implicadas en el tamaño de las familias. En las regiones rurales, también entran las cuestiones económicas: el hijo es mano de obra. Los efectos económicos
35 negativos, sin embargo, han resultado en campañas oficiales en varios países hispánicos dedicadas al control de la natalidad.

crecimiento *growth*
desenfrenado *uncontrolled*
además de *besides*

natalidad *birth*

mano de obra *worker*

    La familia también es importante para el desarrollo

del individuo. La familia existe siempre como un
grupo ya hecho, lleno de tradición y significado. El
niño adquiere la conciencia de pertenecer a un grupo
sin peligro de ser expulsado y sin tener que probar
5 nada más que su lealtad. Claro que la familia no
aprueba todo lo que hacen sus miembros, pero tolera
casi todo. Es decir que, por malo que sea el individuo,
siempre está ligado a la familia por la sangre. La
familia es un grupo que ofrece protección, consuelo
10 en los fracasos y calor y comprensión contra la soledad. Todo esto da un sentido de seguridad que a

pertenecer *to belong*

peligro *danger*
ser expulsado *to be*
 expelled
aprueba *approve*
por malo que
 sea *however bad he*
 may be
sangre *(f) blood*
consuelo *consolation*
fracasos *failures*

veces restringe el desarrollo sicológico y resulta en   restringe *restricts*
una tendencia a depender demasiado de la familia.
Es frecuente el caso de que alguien rechace oportuni-   rechace *rejects*
dades de trabajo por no querer dejar a la familia para
5 ir a vivir a otra parte. Las compañías tratan de no
mudar a sus empleados de un lugar a otro para evitar   mudar *transfer*
problemas. El concepto de la sociedad móvil que ha
dominado tanto en los Estados Unidos en las últimas
décadas no se ha establecido bien en el mundo
10 hispánico.

Es obvio que la familia ocupa un lugar muy importante tanto en la sociedad como en la vida del individuo. Influye en casi todas las instituciones del
mundo hispánico desde los partidos políticos hasta
15 las reuniones sociales. No pocas veces determina la
posición del individuo en la sociedad, porque el niño
hereda el buen nombre familiar además de los bienes   bienes *(m) goods*
materiales. Esta herencia tiene gran importancia para
las futuras oportunidades de la persona. Además,
20 ejerce una fuerza moral bastante efectiva, puesto   puesto que *since*
que, junto con la buena fama, uno hereda la obliga-
ción de mantenerla.

V. LA FAMILIA CONTEMPORÁNEA

Claro que en la sociedad contemporánea la familia
25 hispánica sufre algunas de las mismas tensiones que
las familias norteamericanas. En las grandes ciudades
la familia compite con influencias sociales que están   compite *competes*
cambiando constantemente. Hay muchas familias
donde los dos padres trabajan fuera del hogar, sea   sea *whether it be*
30 por motivos económicos o motivos profesionales. La
estructura tradicional—el padre que trabaja fuera, la
madre que trabaja en casa—va desapareciendo en   va desapareciendo *is*
los centros urbanos. El tamaño promedio de las fa-   *disappearing*
milias urbanas está disminuyendo. Significa que hay   promedio *average*
                                                        está disminuyendo *is*
35 más matrimonios que no tienen hijos o que esperan   *diminishing*
hasta más tarde para tenerlos porque ponen más
énfasis en sus obligaciones profesionales. El divorcio,
permitido en algunos países y no en otros, crece tam-

bién en el mundo hispánico como en los Estados Unidos.

Sin embargo, es importante recordar que el grupo básico a que pertenece el individuo hispánico es su
5 familia. Ésta inspira una lealtad más fuerte que cualquier otra. Para la mayoría de la gente, la familia está antes que el empleo, el partido político o la comodidad personal.

comodidad *comfort*

El ensayista mexicano, Octavio Paz, dice lo siguiente: «La familia es una realidad muy poderosa.
10 Es el hogar en el sentido original de la palabra: centro y reunión de los vivos y los muertos, a un tiempo altar, cama donde se hace el amor, fogón donde se cocina, ceniza que entierra a los antepasados... La
15 familia ha dado a los mexicanos sus creencias, valores y conceptos sobre la vida y la muerte, lo bueno y lo malo, lo masculino y lo femenino, lo bonito y lo feo, lo que se debe hacer y lo indebido.»[6]

ensayista *essayist*

hogar *hearth*
a un tiempo *at once*
fogón *fire*
ceniza *ashes*

lo indebido *that which should not be done*

Práctica

I. Preguntas sobre el texto

1. ¿Qué representa la familia en la sociedad?   2. ¿Cuál es una manera muy común de ofender a un individuo?   3. ¿Qué importancia tiene la familia en la política?   4. ¿Cómo se justifica el nepotismo en el mundo hispánico?   5. ¿Cuál es el propósito del mayorazgo?   6. ¿Qué obligaciones tiene el hijo mayor?   7. ¿Cuándo comienzan los niños a participar en las fiestas?   8. ¿Cuáles son las ventajas de esto?   9. ¿Qué tensiones sufren las familias hispánicas contemporáneas?   10. ¿Dónde está disminuyendo el tamaño promedio de las familias?

II. Preguntas personales

1. ¿Cuántas personas viven en su casa?   2. ¿Ha vivido Ud. alguna vez con muchos parientes en casa?   3. ¿Vive Ud. cerca de muchos de sus parientes?   4. Cuando Ud. salga de la universidad, ¿piensa vivir

[6] Octavio Paz, *El ogro filantrópico* (México: Joaquín Mortiz, 1979) p. 23. *Paz is one of the best-known essayists in Mexico. His book* El laberinto de la soledad *(trans. The Labyrinth of Solitude, Grove Press, N.Y., 1961) contains some interesting insights into the Mexican character, most of which also apply to the Hispanic character. The book cited here contains an update of many of the points made in the earlier book. Paz was born in 1914.*

cerca de sus padres?   5. ¿Ud. piensa tener una familia grande o pequeña? ¿Cuántos hijos piensa tener?   6. ¿Cree Ud. que una sociedad móvil es buena o mala para los niños?   7. ¿Ud. se ha mudado de casa muchas veces?   8. ¿Debe la familia ejercer mucho control sobre los hijos adultos? ¿Por qué?

III. Puntos de contraste cultural

1. ¿Qué diferencias se pueden observar entre la familia en el mundo hispánico y en los Estados Unidos?
2. ¿Cree usted que algunas de las diferencias se deben al carácter rural de la sociedad hispánica?
3. ¿Cuáles son las diferencias en la actitud familiar hacia los niños?
4. ¿Cree usted que es bueno incluir a los niños en las fiestas de adultos?

IV. Ejercicios de vocabulario

A. Completar según los modelos.

MODELOS: justo *injusto*
probable *improbable*

1. eficaz	_____	5. posible	_____
2. _____	innecesario	6. _____	infrecuente
3. ofensivo	_____	7. cómodo	_____
4. _____	inútil	8. _____	impersonal

MODELO: gracia *desgracia*

1. conocido	_____	4. _____	desligar
2. _____	desventaja	5. aparecer	_____
3. acostumbrado	_____	6. _____	descuidar

MODELO: costumbre *acostumbrarse*

| 1. grupo | _____ | 3. socio | _____ |
| 2. _____ | apoderarse | 4. asombro | _____ |

B. Completar según los modelos.

MODELOS: society *sociedad*
worker *trabajador*

1. capacity	_____	6. observer	_____
2. necessity	_____	7. counter	_____
3. possibility	_____	8. creator	_____
4. utility	_____	9. governor	_____
5. facility	_____	10. conqueror	_____

V. Ejercicios de composición dirigida

A. Completar las frases utilizando las palabras entre paréntesis.

1. Se podría decir que la familia...
   (sociedad, valores, escala, representa, menor)
2. Los insultos más graves...
   (familia, insultado, suelen, implicar, miembros)
3. La casa familiar...
   (considerada, hogar, siempre, casados, después, hijos, es)
4. El niño se acostumbra...
   (bodas, participar, adultos, con, ocasiones, otras, como, bautismos, fiestas)
5. La familia existe...
   (grupo, significado, tradición, lleno, hecho, siempre, como)

B. Completar las frases.

1. Las prohibiciones contra el nepotismo tienen poco efecto porque...
2. Los propietarios siguen el mayorazgo, que es...
3. Hay muchos casos históricos de segundones...
4. Los factores que impiden el uso de métodos para el control de la natalidad incluyen...
5. La sociedad móvil no se ha establecido en el mundo hispánico porque...

VI. Para usar la imaginación

Imagine Ud. que es propietario(a) de una empresa mediana de 100 empleados. Su hijo de 25 años trabaja para Ud. desde hace tres años pero ahora es obvio que él hace un trabajo pésimo y ya Ud. le ha hablado sobre el asunto cinco o seis veces. Ahora tiene que decidirse. ¿Qué le va a decir Ud.?

El hombre y la mujer en la sociedad hispánica

Vocabulario útil

Estudiar estas palabras antes de leer el ensayo.

asistir to attend
bastante *adv.* quite, very
consciente conscious
débil weak
derecho right
desaparecer to disappear
esposo, -a spouse
evitar to avoid
favorecer to favor
hacia toward
largo long
mejorar to improve
referirse a (**ie**) to refer to

regresar to return
resolver (**ue**) to resolve
ser *m* being
único, -a only, unique
vestido, -a dressed
a pesar de in spite of
cada vez más more and more
ha habido there has (have) been
la mayor parte the greater part,
  the majority
por un lado on the one hand
toda una serie a whole series

La sociedad hispánica tiene una larga tradición de orientación masculina. Durante la mayor parte de la historia de la civilización hispánica, el hombre ha dominado en casi todas las esferas de la vida. Aunque
5 ha habido progreso hacia la igualdad en las ciudades, la situación ha cambiado menos fuera de los centros urbanos. Como en todo el mundo occidental, en los países hispánicos ha existido y existe una división clara entre los derechos, privilegios y obligaciones de
10 cada sexo.

igualdad *equality*
fuera de *outside of*
occidental *western*

I. LOS NOMBRES HISPÁNICOS

El sistema de apellidos refleja esta dominación masculina. Los niños llevan los apellidos del padre y de la madre, pero el del padre va primero. El hijo de
15 Juan Gómez Rodríguez y de María López Gutiérrez será Francisco Gómez López, o Gómez y López.[1]

apellidos *surnames*

---

[1] Gómez y López *The use of y between the father's and mother's name is optional. The case with de is more complicated: it is used to designate a married name of a woman, for example, María López Gutiérrez de Gómez, where López Gutiérrez is her maiden name. In older names it was also used simply to mean "from" and later was frequently incorporated into the name permanently. All these usages tend to be variable.*

Los apellidos de las abuelas, Rodríguez y Gutiérrez, se pierden. Si Francisco se casara con Teresa Vargas Aguilar, su hijo sería Mario Gómez Vargas. Se ve que es sólo el apellido del lado masculino el que se con-
5 serva, así que si un matrimonio sólo tiene niñas el nombre desaparecerá después de dos generaciones. Las familias muy conscientes de su linaje a veces continúan usando los apellidos por más tiempo, pero eventualmente el resultado es el mismo.
10   Hay, sin embargo, algunos casos en que el hijo ha escogido otro procedimiento. El famoso pintor español Diego Velázquez (1599–1660), hijo de Juan Rodríguez de Silva y de Jerónima Velázquez, debería haberse llamado Diego Rodríguez de Silva y Velázquez.
15 Pero por ser su padre portugués y su madre de una familia aristocrática sevillana, el pintor prefirió usar su apellido materno.
    Otro caso semejante es también el de un pintor: Pablo Diego José Francisco de Paula Juan Nepo-
20 muceno María de los Remedios Cipriano de la Santísima Trinidad Ruiz Blasco Picasso López, hijo de José Ruiz Blasco y de María Picasso López. También él escogió su apellido materno y se hizo famoso con el nombre de Pablo Picasso (1881–1973). Se ve aquí
25 también un ejemplo de la costumbre de dar toda una serie de nombres cristianos a los hijos a veces, por lo general para honrar a varios parientes. Claro que se escogen uno o dos de los nombres para el uso diario y los otros sólo aparecen en la partida de nacimiento.

se casara con   *married*

linaje   *(m) lineage*

escogido   *chosen*
procedimiento
   procedure
debería haberse
   llamado   *should have been called*

se hizo   *became*

diario   *daily*
partida   *certificate*

30 # II. LA SOCIEDAD PATRIARCAL

    Sin embargo, casos como el de Velázquez o el de Picasso son excepcionales; el sistema decididamente favorece la línea paterna. Tradicionalmente las mujeres estaban limitadas a las tareas domésticas, o si
35 trabajaban, limitadas a los trabajos más sencillos. Aunque seguramente cambiará la situación, la mujer hispánica todavía está en una posición inferior a la de sus hermanas en el resto del mundo occidental.

Sin duda esto se debe en parte a los factores econó- / se debe *is due*
micos, pero también contribuye el machismo, que
crea criterios sociales muy distintos entre el hombre
y la mujer. El machismo es un fenómeno socio-
5 sicológico que se define como una preocupación exa- / abarca *it includes*
gerada por la masculinidad—abarca lo físico, lo
sexual, lo social y aun lo político. Es un problema
cuando se convierte en un anhelo de comprobar la / anhelo *urge* / comprobar *to prove*
masculinidad porque entonces puede conducir a
10 acciones antisociales y hasta patológicas.

Las distinciones entre el hombre y la mujer se ven
en las relaciones sexuales. La actividad sexual del
hombre es cosa aceptada mientras que para la mujer
toda relación que no sea con el marido queda estricta-
15 mente prohibida.

Claro que esta situación está cambiando en el
mundo hispánico como en el resto del mundo. En el
caso de dos jóvenes que mantienen relaciones sexuales / mantienen *maintain*
fuera del matrimonio, sin embargo, las mujeres son
20 criticadas más severamente que los hombres.

Hay dos cosas que contribuyen a esta situación:
primero, la fuerte prohibición religiosa contra el control artificial de la natalidad que dificulta la actividad
sexual de la mujer; y segundo, la imagen de la mujer
25 como una persona pasiva y débil frente a los apetitos
sexuales del hombre. Esta última idea conduce a la
tradición de prohibir que la mujer salga sola con un
hombre. Esto se hace no tanto por falta de confianza
en la castidad de la mujer como por temor a la de- / castidad *chastity* / temor *(m) fear*
30 bilidad femenina. Es una manera de pensar muy
diferente de la anglosajona, que exige que los jóvenes / exige *demands*
enamorados supriman los deseos naturales. En el / enamorados *in love*
mundo hispánico se trata de evitar esa supresión
voluntaria mandando a la hermana menor o aun a la
35 mamá de la muchacha a acompañar a los jóvenes a los
bailes o al cine. Igual que en otros casos, esta costum- / igual que *just as*
bre es menos común en los centros urbanos.

A pesar de esta relativa falta de libertad personal
y profesional ha habido casos de mujeres que se han / se han destacado *have excelled*
40 destacado personalmente en la literatura, la en- / enseñanza *education*
señanza y la política, superando los obstáculos que / superando *overcoming*
encontraron en su camino.

III. LAS MUJERES EN LA LITERATURA HISPÁNICA

Sor Juana (1651–1695)—Durante la época colonial en Hispanoamérica la literatura pocas veces alcanzó el nivel de la de España. La única figura de importancia fue una mujer, Juana Inés de Asbaje y Ra-
5 mírez de Santillana, más conocida por su nombre eclesiástico, Sor Juana Inés de la Cruz. Sor Juana nació en Nueva España[2] en 1651, época en que las muchachas tenían la elección de casarse o entrar al convento.

    elección   *choice*

10   Sor Juana era una niña muy inteligente, que había aprendido a leer a los tres años, y durante su juventud tuvo gran fama intelectual y social en la corte del Virrey.[3] En un ensayo famoso confiesa que trató de convencer a su madre de que debía asistir a la uni-
15 versidad vestida de hombre porque no admitían a las mujeres. La madre no accedió y Sor Juana tuvo que aprender todo por sí sola. Sin embargo, por razones misteriosas, a los 16 años decidió renunciar a la sociedad y entrar en un convento. Su única explicación
20 fue que no tenía interés en el matrimonio y quería dedicarse al estudio y a la literatura. La vida religiosa tenía cierta atracción porque le ofrecía sosiego y tiempo para las tareas intelectuales.[4] Los hombres podían dedicarse a una vida de maestro o profesor,
25 pero para una mujer de inclinaciones intelectuales la única posibilidad era el convento. Durante casi treinta años Sor Juana escribió poesía, considerada entre la más bella y original que se ha creado en la lengua española. Su obra muestra las tensiones internas de
30 una mujer, por un lado sinceramente católica y por otro consciente de las nuevas ideas científicas.

    ensayo   *essay*

    no accedió   *did not give in*
    por sí sola   *on her own*

    sosiego   *tranquility*

    maestro   *school teacher*

[2] Nueva España   *New Spain, the name given the colony which included the known parts of North and Central America. The local center was Mexico City.*

[3] Virrey   *viceroy. In colonial administration the viceroy was the king's representative in the colony. He possessed most of the powers of a monarch and was ultimately responsible only to the king.*

[4] tareas intelectuales   *In that period convent life was relatively easy; the discipline was not too strict nor the demands too great. For many, convents served as places of meditation on religion and life.*

Algunos de sus versos son de tipo amoroso, lo que hace pensar que Sor Juana entró al convento a causa de un amor fracasado. Otros creen que los versos son simbólicos y que se refieren a los problemas que
5 causaba su curiosidad intelectual frente a la sociedad cerrada de su época. Versos como éstos no resuelven el misterio:

amor fracasado   *ill-fated romance*

frente a   *faced with*

Hombres necios que acusáis
a la mujer sin razón,
10 sin ver que sois la ocasión
de lo mismo que culpáis;

necios   *foolish*
que acusáis   *who accuse*
sin razón   *wrongly*
ocasión   *cause*
culpáis   *you criticize*

Queréis, con presunción necia
hallar a la que buscáis,
para pretendida, Thais,
15 y en la posesión, Lucrecia.[5]

presunción   *conceit*
hallar   *to find*
pretendida   *lover*

¿Pues para qué os espantáis
de la culpa que tenéis?
Queredlas cual las hacéis
o hacedlas cual las buscáis.

espantáis   *fear*

queredlas   *love them*
cual   *as*
hacedlas   *make them*

20 Cualquiera que fuera el motivo, Sor Juana vertió en sus muchas poesías algún tormento interior y lo supo hacer dentro de una sociedad que desaprobaba la libertad intelectual, sobre todo de parte de una mujer. Así que la vida y obra de Sor Juana hacen de esta
25 poetisa la primera feminista del continente.

vertió   *poured*

desaprobaba   *disapproved*
de parte de   *on the part of*

Gabriela Mistral (1889–1957)—Entre los ocho escritores hispánicos[6] que han recibido el Premio Nobel de Literatura se encuentra una mujer chilena, Gabriela Mistral (nombre literario de Lucila Godoy
30 Alcayaga). Poetisa de lirismo intenso, Gabriela también alcanzó fama internacional por su actividad en

lirismo   *lyricism*

---

[5] Thais...Lucrecia   *Two women of classical mythology; the first a famous Greek courtesan, the second a Roman model of virtue. The poem criticizes men who seek a sexual relationship with women but want to marry a virgin.*

[6] ocho escritores   *The Nobel Prize for literature has gone to eight Hispanic writers: José Echegaray (Spain, 1832–1916) in 1904; Jacinto Benavente (Spain, 1866–1954) in 1922; Gabriela Mistral (Chile, 1889–1957) in 1945; Juan Ramón Jiménez (Spain, 1881–1958) in 1956; Miguel Ángel Asturias (Guatemala, 1899–1974) in 1967; Pablo Neruda (Chile, 1904–1973) in 1971; Vicente Aleixandre (Spain, 1900–1984) in 1977; Gabriel García Márquez (Colombia, 1928–) in 1982.*

la educación. En 1922 José Vasconcelos[7] la invitó a
México para cooperar en la reforma educacional que
llevaba a cabo bajo el nuevo gobierno revolucionario.   llevaba a cabo *which he*
Muchas de sus ideas todavía forman parte del sistema   *was carrying out*
5 de enseñanza de México.
    Después de terminar esta tarea, Gabriela sirvió en
el servicio diplomático de Chile en los Estados Uni-
dos y en Europa, donde se destacó con igual brillo.   se destacó *she*
En 1945 le otorgaron el Premio Nobel de Literatura   *distinguished herself*
                                                          brillo *brilliance*
10 «por el aliento humanitario que caracteriza su obra   otorgaron *granted*
y su vida».   aliento *spirit*

[7] José Vasconcelos *One of the best known of the intellectuals who reformed the government of
Mexico after the revolution of 1910. Vasconcelos became minister of education and was instru-
mental in the creation of a system of rural schools staffed by volunteer teachers from the cities.
Gabriela was by profession a teacher in a rural school.*

La poesía de Gabriela refleja un incidente trágico de su juventud cuando el hombre a quien amaba profundamente, murió. Esto y su carrera de maestra rural forman casi toda su obra. Se nota un énfasis en el
5 amor maternal, aun hacia el amante perdido, como demuestra el soneto siguiente:

carrera *career*

amante *(m or f) lover*

Del nicho helado en que los hombres te pusieron,
te bajaré a la tierra humilde y soleada.
Que he de dormirme en ella los hombres no supieron,
10 y que hemos de soñar sobre la misma almohada.

nicho helado *frozen niche*
humilde y soleada *humble and sun-bathed*
y...almohada *and that we would be dreaming on the same pillow (the earth)*

Te acostaré en la tierra soleada con una
dulcedumbre de madre para el hijo dormido,
y la tierra ha de hacerse suavidades de cuna
al recibir tu cuerpo de niño dolorido.

dulcedumbre *(f) sweetness*
suavidades de cuna *lullabies*

15 Luego iré espolvoreando tierra y polvo de rosas,
y en la azulada y leve polvareda de luna,
los despojos livianos irán quedando presos.

espolvoreando *sprinkling*
azulada *blue*
leve *light*
polvareda *dust swirls*
livianos *tiny*

Me alejaré cantando mis venganzas hermosas,
¡porque a ese hondo recóndito la mano de ninguna
20 bajará a disputarme tu puñado de huesos!

me alejaré *I shall move away*
hondo recóndito *deep hiding place*

Los sonetos a la muerte, 1922

Se puede ver que han existido varias mujeres entre las grandes figuras literarias del mundo hispánico. En la actualidad podríamos mencionar a Ana María
25 Matute y a Carmen Laforet,[8] destacadas novelistas españolas y a Carmen Conde, poetisa española, que fue elegida en 1979 como primer miembro femenino de la Real Academia Española de la Lengua.[9] Es de notar que, de todos los que han recibido el Premio
30 Nadal, que se da a la mejor novela española de cada año, más del cuarenta por ciento son mujeres.

---

[8] Ana María Matute y Carmen Laforet *Matute (b. 1926) is the author of several prize-winning novels and many short stories. She is perhaps best known for her portrayal of children. Laforet (b. 1921) has also written numerous works including her most famous novel* Nada *(1944) for which she won the* Premio Nadal *at the age of 23. The* Premio Nadal *is the equivalent in Spain of the Pulitzer Prize in U.S. letters.*
[9] Real Academia Española de la Lengua *The Royal Academy is the official organization in Spain charged with maintaining the purity of the language. Election to one of the 36 lifetime seats is a very high honor. Carmen Conde was born in 1907.*

IV. LAS MUJERES EN LA POLÍTICA

Si la literatura representa una carrera bastante abierta a las mujeres, ¿qué se puede decir de la política? Aunque Gabriela Mistral tuvo algo de participación en la política, todo fue dentro de la educación.
5 A través de la historia, dos reinas han dirigido a España, aunque la más importante fue Isabel I la Católica, quien tuvo la visión de proveer fondos para la expedición de Cristóbal Colón. Isabel I también influyó en la organización de las colonias y su actitud, 10 más humanitaria que la del rey Fernando, mejoró el tratamiento de los indios. Ella fue la que insistió en que los indios debían ser súbditos de la corona de España en vez de ser considerados esclavos. Isabel creía que los indios eran seres humanos con posi- 15 bilidad de salvación y apoyó mucho la empresa misionera de la Iglesia.

La otra reina, Isabel II, ocupó el trono brevemente en el siglo XIX y su reino fue marcado por intrigas y guerras internas. La nueva constitución de España, 20 adoptada en 1978, mantiene la tradición de preferencia del hombre sobre la mujer como heredero del trono. La esposa del rey es la reina pero no tiene ningún poder oficial. Si muere el rey, el trono lo ocupa el primogénito.
25 Con todo lo dicho sobre la dominación masculina, es interesante que los únicos ejemplos de presidentes femeninos[10] en el hemisferio occidental han ocurrido en los países hispánicos. En 1974 Isabel Perón subió a la presidencia de la República Argentina después 30 de la muerte de su esposo, el presidente Juan Perón (1895–1974). Éste había sido elegido presidente en 1946 y durante los seis primeros años de su mandato, su segunda esposa, Eva ("Evita") Duarte lo ayudó a mantener su popularidad. Evita murió en 1952 y

dirigido *governed*

proveer *to supply*
fondos *funds*

tratamiento *treatment*
súbditos *subjects*
esclavos *slaves*

empresa *enterprise*

trono *throne*

heredero *heir*

primogénito *first-born
son*

mandato *term*

---

[10] presidentes femeninos *The entry of women into previously all male positions has created widely variable usage with regard to gender. A female president may be designated as "el presidente" or "la presidente." "La presidenta" is reserved, where it is used at all, for the wife of the president. In Argentina El Presidente Señora Isabel Perón was considered most proper.*

Perón fue derrocado en 1955. Después de 18 años de exilio regresó triunfante a la Argentina e insistió en que su tercera esposa, Isabel, fuera candidata para vicepresidente. Al enfermarse Perón poco después de
5 las elecciones, nombró a su esposa como presidente interino. Isabel ocupó el puesto hasta 1976 cuando una junta militar la depuso.

derrocado *overthrown*
exilio *exile*

interino *interim*
depuso *deposed*

El otro caso ocurrió en Bolivia, donde Lydia Gueiler fue elegida presidente por el Congreso en
10 1979 después de varios meses de crisis en el gobierno.

Así se ve que, aunque la sociedad hispánica ha favorecido siempre al hombre, también existen casos de mujeres ilustres comparables a cualquier figura histórica, hombre o mujer, de otros países. En los
15 últimos años las mujeres del mundo hispánico van despertándose cada vez más a la posibilidad de cambios en su situación. Muchos de los países tienen organizaciones feministas y el Congreso Internacional de la Mujer se celebró en México en 1978. La misma
20 constitución española que mantiene el dominio masculino en la monarquía, también tiene un artículo (Núm. 14) que dice así: «Los españoles son iguales ante la ley, sin que pueda prevalecer discriminación alguna por razones de nacimiento, raza, sexo, religión,
25 opinión o cualquier otra circunstancia personal o social».

ilustres *famous*

ante *before*
prevalecer *to prevail*

Práctica

I. Preguntas sobre el texto

1. ¿Cómo reflejan los apellidos el dominio masculino? 2. ¿Por qué escogió Diego Velázquez su apellido materno? 3. ¿Qué es el machismo? 4. ¿Por qué entró Sor Juana en el convento? 5. ¿Cuántos escritores hispánicos han ganado el Premio Nobel de Literatura? 6. ¿Por qué fue a México Gabriela Mistral? 7. ¿Qué tragedia sufrió Gabriela en su juventud? 8. ¿Quién pagó la expedición de Cristóbal Colón? 9. ¿Quién fue la primera presidente de una nación americana? 10. ¿Qué congreso se celebró en México en 1978?

II. Preguntas personales

1. ¿Cuándo cree Ud. que habrá una presidente en los Estados Unidos?
2. En nuestro sistema de apellidos, ¿cómo guardamos el apellido materno? 3. ¿Cree Ud. que todavía hay empleos vedados a las mujeres? ¿Cuáles? 4. ¿Hay empleos que las mujeres no deben tener? 5. ¿Cree Ud. que es necesaria una enmienda (*amendment*) constitucional sobre la igualdad de derechos como tiene la constitución española? ¿Por qué?

III. Puntos de contraste cultural

1. ¿Las mujeres en el mundo hispánico son más o menos libres que en los Estados Unidos?
2. ¿Qué diferencias hay entre la situación de la mujer urbana y la mujer campesina? ¿Por qué existen estas diferencias?
3. ¿Cuáles son las diferencias en la posición social de la mujer en Hispanoamérica y en los Estados Unidos?

IV. Ejercicios de vocabulario

Completar según los modelos.

MODELO: activo   *actividad*

1. masculino   _____
2. curioso   _____
3. _____   relatividad
4. _____   humanidad
5. materno   _____

MODELO: débil   *debilidad*

1. _____   originalidad
2. actual   _____
3. _____   personalidad
4. _____   intelectualidad
5. fácil   _____

B. Indicar los sinónimos.

1. elegir	a. trabajos
2. natalidad	b. distinguido
3. únicamente	c. sólo
4. tareas	d. nacimiento
5. famoso	e. retener
6. conservar	f. ilustre
7. destacado	g. escoger

C. Indicar las palabras con significado opuesto.

1. primero	a. cerrado
2. prohibir	b. último
3. nacer	c. comenzar
4. terminar	d. morir
5. abierto	e. permitir

V. Ejercicios de composición dirigida

A. Completar las frases con las palabras entre paréntesis.
  1. Como en todo el mundo occidental ha existido y existe...
     (derechos, entre, clara, privilegios, sexo, división, obligaciones, cada)
  2. Generalmente, las mujeres están...
     (domésticas, trabajan, si, limitadas, tareas, trabajos, sencillos, más)
  3. A pesar de esta falta de libertad, existen casos de mujeres que...
     (destacado, personalmente, han, literatura, se, enseñanza, política, hasta)
  4. La poesía de Gabriela Mistral refleja un incidente trágico...
     (amaba, profundamente, juventud, quien, cuando, murió, hombre)
  5. Con todo lo dicho sobre la dominación masculina, es interesante que los únicos ejemplos...
     (occidental, han, presidentes, hemisferio, sido, hispánicos, femeninos, países)

B. Completar las frases.

  1. Las familias más conscientes de su linaje...
  2. La mujer hispánica está en una posición...
  3. En la época de Sor Juana las muchachas tenían...
  4. Es de notar que, de todos los que han recibido el Premio Nadal...
  5. Aunque la sociedad hispánica ha favorecido al hombre en general...

VI. Para usar la imaginación

Imagine que Ud. es miembro del sexo opuesto. ¿Cuáles serían sus quejas (*complaints*) sobre la desigualdad de los sexos en los Estados Unidos? Compare las respuestas de los estudiantes con las de las estudiantes.

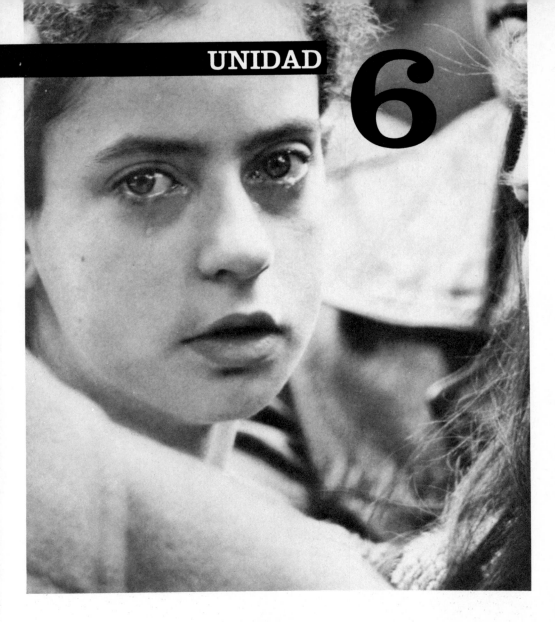

El concepto hispánico de la muerte

Vocabulario útil

Estudiar estas palabras antes de leer el ensayo.

ambiente *m*   atmosphere, environment
ataúd *m*   coffin
colocar   to place, locate
consolar   to console
distinto, -a   different
diversión   amusement, entertainment
enterrar (**ie**)   to bury
fantasma *m*   ghost
humilde   humble, modest
implicar   to imply
leyenda   legend
miedo   fear;
  dar miedo   to cause fear

morir (**se**) (**ue**)   to die
muerte *f*   death
muerto, -a   dead
mundial *adj.*   of the world
paraíso   paradise
principio   beginning;
  al principio   at first
prueba   test
reflejar   to reflect
salvar   to save, rescue
semejante   similar
sorprenderse   to be surprised
tristeza   sadness

El concepto que un pueblo tiene de la muerte puede revelar bastante acerca de su cultura. Como la muerte es algo que existe y que siempre ha existido en todas las culturas, es uno de los aspectos universales que
5 sirven de comparación y de contraste entre grupos distintos. Es uno de los temas más comunes de la literatura mundial, tal vez por su constante presencia, o porque existe la necesidad de consolar a los que están esperando el último hecho de la vida.

    pueblo   people

    hecho   event

10 I. LAS ACTITUDES HISPÁNICAS

    Sin duda alguna el anglosajón que visita un país hispánico se sorprende ante la presencia cotidiana de la muerte. En vez de ser una cosa escondida, la muerte es una preocupación constante del pueblo
15 hispánico, tanto que puede parecer mórbida al extranjero no acostumbrado a esa cultura. La gente hispánica parece vivir pensando en la muerte: en los fa-

    cotidiana   everyday

miliares y amigos difuntos (¡que en paz descansen!),[1]
en los entierros, en los asesinatos, accidentes, en-
fermedades y todas las tragedias del mundo moderno.

Hay fenómenos lingüísticos que muestran esta pre-
5 ocupación con la muerte. Un «muerto de hambre»,
una «mosca muerta», «de mala muerte», son términos
muy comunes para referirse a un pobre, a un hipócrita
o a una cosa sin valor, respectivamente. La última,
«de mala muerte», interesa por su sentido figurativo.
10 Refleja una actitud hacia la muerte que también se
expresa en la frase, «Dime cómo mueres y te diré
quién eres», hecha famosa en un ensayo del mexicano
Octavio Paz.[2] Las dos frases implican que de alguna
manera la muerte define la vida y que una muerte
15 mala implica una vida mala o sin valor.

La actitud hispánica hacia la muerte se originó en
la Edad Media. Durante la época medieval la muerte
constituía el paso decisivo hacia la vida eterna; era
el principio de la vida verdadera, que sería gloriosa
20 si uno había vivido bien en la tierra. A esta visión
consoladora de la muerte, se unía otra: la de *La
danza de la muerte,* un largo poema medieval. Se
presentaba a la muerte como igualadora de todas las
distinciones sociales y económicas de la tierra. Ni el
25 rey puede escaparse de la muerte y debe terminar en
el mismo lugar que el hombre más humilde. En ese
poema anónimo dice la muerte: «¡Oh, hombre! ¿Por
qué curas de vida tan breve en punto pasante?» Esta
pregunta es repetida frecuentemente en la Edad
30 Media: ¿por qué preocuparse de la vida breve en la
tierra cuando la otra eterna lo espera a uno después
de la muerte?

Tal vez la expresión más conocida de esta actitud
esté contenida en los versos de un poeta español del
35 siglo XV, Jorge Manrique,[3] que dice en sus *Coplas:*

Glosario de margen:

difuntos *deceased*

entierros *funerals*
asesinatos *murders*

mosca *fly*

sin valor *worthless*

Edad Media *Middle Ages*

igualadora *equalizer*
ni *not even*

curas *worry*
breve *brief*
en punto pasante *which passes in a moment*

---

[1] ¡que en paz descansen! *May they rest in peace! This phrase is typically used whenever mention is made of a dead person, especially a relative or friend. Others are:* Dios lo guarde. *God keep him.* Que descanse con Dios. *May he rest with God.*

[2] *The phrase means: "Tell me how you die, and I'll tell you what you're worth."*

[3] Jorge Manrique (1440–1478) *A famous medieval Spanish poet. His* Coplas a la muerte de su padre *contain a cogent expression of the medieval attitude toward life and death.*

Nuestras vidas son los ríos
que van a dar en la mar,
   que es el morir;
allí van los señoríos
5 derechos a se acabar
   y consumir;
allí los ríos caudales,
allí los otros, medianos
   y más chicos;
10 allegados, son iguales
los que viven por sus manos
   y los ricos.

van a dar	*end up*
señoríos	*dominions*
derechos	*straight*
caudales	*rushing*
medianos	*medium size*
chicos	*small*
allegados	*having arrived*

Sigue el poema con una lista de los aspectos transitorios del mundo: la hermosura física, la fuerza
15 juvenil, la riqueza, el poder político, etc. Lo único de
esta vida que se considera permanente es la gloria
ganada en las luchas contra los moros.

   Estos ejemplos revelan que la actitud medieval
presentaba a la muerte como algo casi deseable: «al
20 morir, descansamos» dice Manrique. En la época
moderna la vida asume más importancia, pero aún
existen rastros de la idea medieval, que son suficientes
para mantener cierta atracción hacia la muerte, o al
menos disminuir el miedo que se le tiene.
25   En la sociedad hispánica moderna la muerte fas-
cina, intriga y, aun más, desafía al hombre. Los
riesgos implícitos en la corrida de toros ejemplifican
esta atracción. El hombre y el toro luchan a muerte,
y el hecho de que el toro muere más frecuentemente
30 no cambia el simbolismo. Muchos toreros han muerto
en la corrida a través de los años.

transitorios temporary

rastros traces
al menos at least

desafía challenges
riesgos risks

hecho fact
toreros bullfighters

II. LAS ACTITUDES INDÍGENAS

   Los indígenas americanos también tenían sus propias ideas acerca de la muerte, y después de la con-

quista, éstas pasaron a formar parte de la cultura hispánica.

De los mayas se sabe poco; sólo lo que revela el Obispo Diego de Landa, que investigó esa cultura en
5 el siglo XVI. Según Landa, los mayas demostraban gran tristeza ante la muerte. Se lamentaban ruidosamente y atribuían el hecho al diablo o al dios del mal. Enterraban a la gente común bajo el piso de su casa, la cual abandonaban después. A los nobles—los sacer-
10 dotes—los enterraban con más cuidado, colocando las cenizas en el centro de las pirámides. Algunas tribus tenían la costumbre de hervir el cadáver hasta poder separar la carne de los huesos, los cuales usaban para reconstruir la cara del muerto con resina. Guar-
15 daban estas figuras en una especie de álbum familiar de los antepasados. Los mayas, al igual que otros grupos, practicaban el sacrificio humano.

Los incas del Perú tenían un concepto de la muerte muy semejante al europeo. Creían que después de la
20 existencia terrenal había otra vida eterna. Si uno había vivido bien, terminaba en el cielo, que ofrecía todos los placeres, y si no, iba al infierno, que era un lugar muy frío.

Quizás los aztecas hayan tenido el concepto más
25 interesante. Dice Eduardo Matos Moctezuma, conocido arqueólogo mexicano, «El hombre prehispánico concebía la muerte como un proceso más de un ciclo constante, expresado en sus leyendas y mitos. La leyenda de los Soles nos habla de esos ciclos que son
30 otros tantos eslabones de ese ir y devenir, de la lucha entre la noche y el día,…. Es lo que lleva a alimentar al sol para que éste no detenga su marcha y el por qué de la sangre como elemento vital, generador de movimiento. Es la muerte como germen de la vida». Con-
35 cebían la existencia como un círculo: el nacimiento y la muerte eran sólo dos puntos en ese círculo. Creían que la humanidad había sido creada varias veces antes y que siempre sufría un cataclismo terrible. Lo que determinaba el lugar del alma no era la conducta
40 en la vida sino el tipo de muerte y la ocupación que

lamentaban *lamented*
ruidosamente *loudly*

enterraban *(they) buried*
piso *floor*

cenizas *ashes*
hervir *to boil*

resina *resin*
especie *(f) kind*
antepasados *ancestors*

terrenal *earthly*

placeres *(m) pleasures*
infierno *hell*

conocido *well-known*

concebía *conceived of*

eslabones *links*
devenir *becoming*

germen *seed*

cataclismo *catastrophe*

en vida había practicado la persona: los guerreros muertos en batalla o sobre la piedra de sacrificio iban al paraíso oriental, que era la casa del Sol, donde vivían en jardines llenos de flores. Después de cuatro
5 años volvían a la tierra en forma de colibríes.

Las mujeres que morían en el parto iban al paraíso occidental, la casa del maíz. Al bajar a la tierra, lo hacían de noche como fantasmas. Esta tradición, junto con algunas historias españolas del mismo tipo,
10 han sido conservadas en la leyenda de «la llorona», una mujer que camina por la tierra de noche amenazando a las mujeres y a los niños. Los ahogados o muertos por el rayo iban al paraíso fértil de Tlaloc, el dios de la lluvia.

15 El infierno de los aztecas quedaba al norte y presentaba nueve pruebas para las almas antes de que éstas pudieran llegar al descanso final: ríos caudalosos, vientos helados, fieras que comían los corazones, etc. Para ayudar al muerto en estas pruebas era
20 costumbre enterrar varios instrumentos y armas con el cadáver.

Aunque todas las civilizaciones indígenas conocían el sacrificio humano, ninguna lo practicó tanto como los aztecas. Los sacrificios servían, principalmente,
25 como alimento para los dioses que demandaban la vida contenida en la sangre y el corazón humanos.

Buen ejemplo era el culto azteca de Huitzilopochtli, el dios del sol, guerrero que todos los días tenía que luchar contra las estrellas y contra su her-
30 mana la luna para dar otro día de vida al hombre. Los aztecas se consideraban elegidos del sol y por eso se dedicaban a la guerra ritual—llamada guerra florida—no para conquistar nuevos territorios sino para conseguir prisioneros para el sacrificio. Según
35 los cronistas, se hacían más de 20.000 sacrificios por año. El público estaba obligado a asistir a estos ritos bajo pena de castigos severos, lo que hace pensar que la muerte constituía una presencia constante en la vida diaria de los aztecas, como lo era también en
40 la vida española. Al mezclarse estas dos culturas, la muerte siguió ocupando un lugar central en los cultos de la vida.

---

guerreros *warriors*

colibríes *(m) hummingbirds*
parto *childbirth*

llorona *crying or moaning woman*
amenazando *threatening*
ahogados *drowned*
rayo *lightning*

pruebas *tests*
caudalosos *raging*
fieras *beasts*

estrellas *stars*

florida *select, elitist*

pena *penalty*
castigos *punishment*

al mezclarse *upon mixing*

III. PRÁCTICAS FUNERARIAS

La gran atención que se da a la muerte en la sociedad hispánica ha resultado en toda una serie de prácticas y costumbres. Algunas reflejan creencias religiosas, mientras que otras dejan ver la tradición
5 popular.

Una de las más conocidas es el velorio, una vigilia para honrar al difunto y consolar a sus familiares. En algunos casos, durante el velorio se sirve comida y bebida, y para la mayoría de los asistentes constituye
10 una ocasión social. De todos modos, es un acto indispensable entre las tradiciones familiares.

Otra costumbre importante es la de publicar un anuncio en el periódico, a veces en la primera plana. Estos anuncios o «esquelas de defunción» llevan el
15 nombre del difunto y de los miembros de su familia. Como las esquelas son pagadas, el tamaño tiende a reflejar la posición económica de la familia. Es común también encontrar otros anuncios publicados por los amigos, los empleados, los socios o los parientes del
20 muerto.

La costumbre de vestirse de luto también es muy común en la sociedad hispánica. La viuda guarda luto relativamente severo durante uno, dos, o más años y toda la familia tiene la obligación de llevar
25 una vida restringida, sin fiestas ni diversiones, durante cierto tiempo.

También se acostumbra ofrecer misas especiales por el alma del difunto, y encender velas votivas. Con todo esto se trata de asegurar que entre el alma en el
30 paraíso.

Una superstición muy común es que las almas que no pueden entrar en el paraíso están condenadas a vagar por la tierra de noche. Cuando una persona muere a manos de un asesino y no recibe la extre-
35 maunción, o sea los ritos finales, su alma vuelve a la tierra para vengarse del responsable. Estas almas «en pena» son la fuente de muchos cuentos y leyendas que se utilizan para inspirar miedo a los niños malcriados.

---

velorio   *wake*
vigilia   *vigil*

de todos modos   *anyway*

anuncio   *announcement*
plana   *page*
esquelas de defunción
   death notices
tamaño   *size*

socios   *partners*

luto   *mourning clothes*
viuda   *widow*
guarda luto   *observes mourning*

restringida   *restricted*

misas   *masses*
encender   *to burn*
velas votivas   *votive candles*

vagar   *to wander*
extremaunción   *last rites*

«en pena»   *in agony*

malcriados   *misbehaving*

   Otra costumbre relacionada con la muerte es la
de celebrar el «Día de los muertos», el dos de no-
viembre.⁴ Durante ese día se recuerda a los muertos
o a la muerte como fenómeno. En algunos sitios se
5 hacen dulces y panes en forma de calaveras y es-   calaveras *skulls*
queletos, y en los pueblos pequeños la gente pasa el   esqueletos *skeletons*
día en el cementerio, donde limpian alrededor de los
sepulcros y ponen flores frescas en la tumba de los   sepulcros *graves*
familiares. Como en el velorio, el ambiente se vuelve
10 casi festivo. Esto sugiere que la actitud hacia la
muerte no podría llamarse mórbida. La muerte se
considera cosa natural y hasta ordinaria. Los sicó-
logos contemporáneos sugieren que la tendencia
norteamericana a clasificar a la muerte como un tabú
15 para los niños crea efectos negativos en el adulto, ya
que éste no aprende a vivir con la muerte y no sabe

⁴ Día de los muertos   *Also called* Día de los difuntos, *known in English as All Souls' Day. This
religious holiday is a more important event in the Hispanic world than in the United States.*

enfrentarla cuando se presenta. Este problema no
existe para el niño hispánico. Al contrario: la muerte
puede convertirse en una obsesión. Un posible efecto
sicológico es que la muerte ejerza gran atracción
5 sobre la persona, lo que podría conducir al suicidio.

    Un fenómeno interesante en el mundo hispánico es
la preocupación por los restos mortales. En los casos
de personas ilustres se pueden crear verdaderas polé-
micas sobre su destino. Tal es el caso de Cristóbal
10 Colón, descubridor de América. Hoy día existen dos
tumbas que guardan los restos de Colón, una en la
catedral de Sevilla y la otra en Santo Domingo. Colón
murió en España, pero su familia hizo trasladar el
cadáver a Santo Domingo, la primera colonia del
15 Nuevo Mundo.[5] En 1795 España cedió la mitad española de la isla de Santo Domingo a Francia. Las
autoridades creían que debían salvar los restos de
Colón y los trasladaron a Cuba, una colonia segura
en esa época, donde fueron enterrados. En 1898, al
20 comenzar la guerra de la independencia cubana, las
autoridades decidieron llevar los restos a Sevilla para
que no cayeran en manos de los norteamericanos. Sin
embargo, en 1877 las autoridades de Santo Domingo
encontraron un ataúd que se decía contenía los restos
25 de Colón, lo que quiere decir que los que se habían
enterrado en Cuba en 1795 eran los de otra persona.
Todavía no se sabe con seguridad en cuál de las dos
tumbas están verdaderamente los restos de Colón.

    Otro caso interesante es el de los restos de Evita
30 Perón, popularísima esposa del Presidente Juan Perón
de la Argentina. En 1955 el ataúd de Eva Perón fue
enterrado secretamente en Italia por órdenes del
General Aramburu, el jefe del movimiento que depuso a Perón en ese año. Cuando Perón estaba exilado
35 en España, recibió del gobierno italiano los restos de
Evita, que fueron depositados en una iglesia jesuita
en España.

enfrentarla *to face it*

restos *remains*

trasladar *to transfer*

cedió *ceded*

enterrados *buried*

no cayeran *would not fall*

depuso *overthrew*

---

[5] Santo Domingo *An island in the Caribbean where the first Spanish-American government was located. It is now divided between two countries—the Dominican Republic and Haiti (formerly a French colony). The capital city of the Dominican Republic is Santo Domingo.*

Cuando Perón regresó a la Argentina, después de 18 años, prometió al pueblo el traslado de los restos de Evita. Después que murió Perón, en julio de 1974, un grupo «peronista» robó el cadáver del General
5 Aramburu de su mausoleo y demandó de Isabel Perón la devolución de los restos de Evita a cambio de los de Aramburu. La presidente consintió y el mismo día que llegó el ataúd de Evita a la Argentina (noviembre de 1974) los restos de Aramburu fueron devueltos.
10 El entierro de Eva Perón en Buenos Aires tuvo lugar cuatro meses después del de su esposo, Juan Perón.

devolución *retum*
consintió *agreed*

devueltos *returned*
tuvo lugar *took place*

IV. LA ATRACCIÓN DE LA MUERTE

Como ya se ha mencionado, la corrida de toros es básicamente un desafío a la muerte. Se cuentan
15 muchos hombres hispánicos entre los que practican otros deportes peligrosos como las carreras automovilísticas, el alpinismo, etc. Parecen sentir la necesidad de desafiar o de atraer a la muerte. Octavio Paz sugiere que la propensión del mexicano hacia la pelea
20 violenta con navajas o pistolas durante las fiestas y el uso excesivo de las bebidas alcohólicas reflejan esta misma actitud. Aunque Paz habla del mexicano, su concepto es válido para toda Hispanoamérica: «Para el habitante de Nueva York, París o Londres,
25 la muerte es la palabra que jamás se pronuncia porque quema los labios. El mexicano, en cambio, la frecuenta, la burla, la acaricia, duerme con ella, la festeja, es uno de sus juguetes favoritos y su amor más permanente». Paz tiene la idea de que la muerte
30 no asusta al mexicano porque «la vida le ha curado de espantos».[6] Los estudios sicológicos revelan que la presencia de la muerte se encuentra con más frecuencia en los sueños de la gente hispánica.
En la historia se ven repetidos casos de suicidios,
35 a pesar de la prohibición católica contra ese acto. El poeta colombiano José Asunción Silva (1865–1896)

carreras *races*
alpinismo *climbing*

pelea *fight*
navajas *knives*

quema *burns*
frecuenta *courts*
burla *mocks*
acaricia *caresses*
festeja *celebrates*
juguetes *toys*
asusta *scare*

---

[6] «la vida le ha curado de espantos» *"life has cured him of shocks"; that is, he has suffered every possible misfortune in life so death cannot be anything worse.*

pidió a su médico que le trazara en la ropa interior el lugar exacto del corazón y volvió a casa para pegarse un tiro en el lugar marcado. El cuentista uruguayo Horacio Quiroga (1878–1937) pasó varios años
5 obsesionado con la muerte y produjo una serie de cuentos sobre el tema antes de suicidarse.

trazara *trace*
ropa interior *underwear*
pegarse un tiro *to shoot himself*

En conclusión, un aspecto interesante de la cultura hispánica es su actitud hacia la muerte. Se la ve como una cosa natural, ubicua y aceptada por todos.
10 La muerte ejerce una atracción innegable para los hispanoamericanos. Como cree Octavio Paz, tal vez sea «una indiferencia hacia la vida lo que elimina el miedo a la muerte». Pero también puede ser a causa de las tradiciones, tanto españolas como indígenas,
15 que ven en la muerte la definición de la vida: lo que da sentido y valor al presente. El poeta mexicano José Gorostiza (1901–1973) describe la vida como una «Muerte sin fin» en un largo poema del mismo título. Es muy necesario comprender, o al menos
20 conocer, esta actitud para poder entender la cultura hispánica.

ubicua *ubiquitous*
innegable *undeniable*

Práctica

I. Preguntas sobre el texto

1. ¿Por qué sirve la muerte como buen punto de comparación entre las culturas?   2. ¿Cuáles son algunas frases que muestran la presencia cotidiana de la muerte?   3. ¿Cuál era el concepto de la muerte durante la Edad Media?   4. Según Manrique, ¿por qué no importan la belleza, la riqueza y el poder?   5. ¿Qué actitud hacia la muerte ejemplifica la corrida de toros?   6. ¿Cómo concebían la muerte los aztecas?   7. ¿Para qué servían las «guerras floridas»?   8. ¿Qué es una esquela de defunción?   9. ¿Cómo se celebra el dos de noviembre en el mundo hispánico?   10. ¿Por qué se han trasladado tanto los restos de Cristóbal Colón?

II. Preguntas personales

1. ¿Puede Ud. describir su propia actitud hacia la muerte?   ¿Cómo reacciona Ud. al tema de este capítulo?   3. ¿Su reacción revela algo

sobre su actitud hacia la muerte?   4. ¿Ha asistido Ud. a un velorio? ¿a un entierro?   5. ¿Cree que es bueno o malo que los niños asistan a los entierros?   6. ¿Cómo hablamos de la muerte en los Estados Unidos? ¿Qué palabras usamos en inglés para no decir «dead»?

III. Puntos de contraste cultural

1. ¿Qué actitud hacia la muerte es más saludable, la hispánica o la norte-americana?
2. ¿Cómo se comparan Halloween y el Día de los Muertos?
3. ¿Sabe usted dónde están los restos de George Washington o de Abraham Lincoln?

IV. Ejercicios de vocabulario

A. Indicar los sinónimos.

1. muerto
2. cotidiano
3. funeral
4. de mala muerte
5. mandar
6. belleza
7. suficiente
8. esquela
9. sepulcro
10. espantar

a. diario
b. asustar
c. sin valor
d. hermosura
e. tumba
f. difunto
g. nota
h. entierro
i. bastante
j. regir

B. Dar la forma con -mente.

MODELO: rápido   *rápidamente*

1. frecuente
2. actual
3. violento
4. nuevo
5. tradicional

6. cultural
7. ritual
8. peligroso
9. eterno
10. repetido

C. Completar con la forma correcta de la palabra entre paréntesis.

1. (atraer) La muerte ejerce una _____ fuerte.
2. (victoria) Anuncia su regreso _____ .
3. (ubicuo) Es notable la _____ de la muerte.
4. (enfermo) Las _____ a veces traen la muerte.

5. (consolar) La viuda necesita el _____ de los amigos.
6. (igual) La muerte puede verse como la gran _____ .
7. (investigación) Es necesario _____ el concepto.
8. (ruido) Los mayas lamentaban _____ la muerte.

D. Elegir la palabra más apropiada de la lista para completar las oraciones.

contraste	mezcla	fantasma
acostumbrado	diaria	enterrar
disminuir	alma	obsesión
elegido		

1. Los aztecas se creían el pueblo _____ del sol.
2. La cultura hispanoamericana es una _____ de la cultura indígena y la española.
3. El concepto de la muerte presenta un punto de _____ cultural.
4. El niño del mundo hispánico está _____ a la muerte.
5. La llorona es un _____ conocido.
6. La muerte está presente como parte de la vida _____ .
7. La preocupación con los restos mortales se vuelve a veces una _____ .

V. Ejercicios de composición dirigida

A. Completar las frases.

1. La tendencia a esconder la muerte de los niños...
2. Los incas del Perú tenían un concepto de la muerte...
3. Durante la Edad Media la muerte no era cosa de temer porque...
4. Los aztecas creían que los guerreros muertos en la batalla iban...
5. Huitzilopochtli tenía que luchar contra...

B. (De aquí en adelante se presentarán en esta sección algunos temas de composición que requerirán su opinión o actitud personal. Las palabras entre paréntesis deberán ser suplementadas por otras donde sea conveniente.) Describir su actitud personal hacia:

1. la presencia cotidiana de la muerte
   (dar miedo, natural, escondido, gustar, creer, evitar, vida)
2. los entierros
   (costoso, lujoso, sencillo, asistir, preferir, deber, gastar, niño)
3. sus propios restos mortales
   (entierro, cementerio, querer, cerca de, no importa, es mejor, preocuparse)
4. el tipo de muerte más atractivo
   (ninguno, heroico, violento, pacífico, rápido, lento, joven, viejo)

VI. Para usar la imaginación

Imagine Ud. que un amigo le ofrece una medicina que ha descubierto él que le hace a Ud. vivir hasta la edad de 200 años. ¿La tomaría o no? Prepare una defensa de su decisión. ¿Cuáles son las ventajas y desventajas de una vida larga? ¿Cómo tendríamos que cambiar para estar felices por 200 años?

Aspectos económicos de Hispanoamérica

Vocabulario útil

Estudiar estas palabras antes de leer el ensayo.

actual current
aumentar to increase
comercio trade
crecer to grow (in size)
creciente *adj.* growing
cultivo crop, growing
desempleo unemployment
deuda debt
empleo employment, job
estimular to stimulate, encourage
extranjero, -a foreign, foreigner;
  el extranjero abroad, outside the country
fabricado manufactured, made

intercambio interchange, trade
interno, -a internal
lento, -a slow
mejorar to improve
negocio business
pobre poor
pobreza poverty
producir to produce
propietario, -a property-owner
renta income
rico, -a rich
riqueza richness, riches
teoría theory

Una de las mayores preocupaciones políticas y sociales de los gobiernos de Hispanoamérica ha sido el desarrollo económico. Aunque sus suelos son ricos en materia prima, mucha gente vive en la pobreza,   materia prima *raw*
5 lo que hace difícil cualquier tentativa de mejorar su   *materials*
nivel de vida. Este problema tiene sus raíces en la
historia de cada región.

I. LOS ANTECEDENTES HISTÓRICOS

Uno de los motivos básicos de los viajes de Cristó-
10 bal Colón fue el económico. El interés en el comercio
hizo que se buscara una nueva ruta a las tierras del   ruta *route*
Oriente. Al darse cuenta del descubrimiento de un
«nuevo mundo» los Reyes Católicos, Fernando e
Isabel,[1] lo llamaron «las Indias».[2]

---

[1] los Reyes Católicos, Fernando e Isabel *The marriage of Fernando of Aragon and Isabel of Castile in 1469 unified Spain as a single nation. Fernando and Isabel were king and queen of Spain in 1492 when America was discovered and were responsible for the creation of colonial policy.*

[2] las Indias *The official name of the new world colonies. It was given because they were originally thought to be the East Indies, for which Columbus was searching.*

Lo primero que atrajo la atención de los agentes de los monarcas fue la gran riqueza mineral que representaban el oro, la plata y las piedras preciosas que usaban los indígenas. Casi inmediatamente se
5 comenzó a desarrollar una gran industria minera. En la ciudad de Potosí, en lo que hoy es Bolivia, se descubrió en 1545 una verdadera montaña de oro y plata. Todavía hoy en español se dice de algo de gran valor que «vale un potosí». En un siglo llegó a ser la ciudad
10 más grande del hemisferio, con más de 150.000 habitantes y un teatro donde la entrada costaba unos cincuenta dólares.

    entrada   admission

En la agricultura, los reyes de España estimularon el cultivo de varios productos no conocidos en Europa, como la caña de azúcar, el tabaco, el cáñamo
15 y el lino. También hicieron llevar a América semillas de casi todas las plantas que existían en España.

  caña *cane*
  cáñamo *hemp*
  lino *flax*
  semillas *seeds*

La presencia de los indios proveyó a los colonos de mano de obra en cantidad suficiente. Los indios
20 tenían una tradición ya establecida de entregar gran parte de sus productos a sus jefes, así que fue fácil para ellos sustituir un amo por otro.

  proveyó... obra
    provided the colonists
    with manual labor

  amo *master*

A pesar de todo esto, el desarrollo se vio obstaculizado por tres teorías económicas dominantes en esa
25 época. Primero, el monarca español consideraba a las colonias como posesión personal y prohibía el comercio con otros países. Segundo, se pensaba que el camino a la riqueza nacional consistía en acumular lo producido en vez de venderlo. Esta idea tenía
30 valor cuando se trataba del oro, pero hizo que se olvidara la producción de comestibles y de productos fabricados. Y tercero, la práctica de dar grandes parcelas de tierra a los que servían bien al monarca resultaba en una concentración de tierras en manos
35 de personas que ni deseaban ni necesitaban trabajarlas. El sistema de la encomienda[3] exigía que los indios trabajaran para el encomendero, e invitaba a éste a vivir cómodamente de sus rentas.

  obstaculizado *hindered*

  hizo que *it caused*
  comestibles *(m) food*

  exigía *demanded*
  encomendero *holder of*
    a land grant

---

[3] encomienda *The feudal system of granting land and its inhabitants to a loyal and faithful colonist. The latter received a tax from the natives who lived on and tilled the land and in return was obligated to protect and defend his serfs. Although the people were not technically slaves, the result was practically the same.*

Cuando ganaron la independencia de España en el primer cuarto del siglo XIX, casi todos los países nuevos dependían de los minerales o de un cultivo o un producto único. Por eso, la verdadera indepen-
5 dencia económica tardó mucho y aún no existe en muchos países. Las economías estaban basadas en el sistema colonial de exportar un producto e importar todo lo demás. Otros países más avanzados de Europa, Inglaterra, por ejemplo, reemplazaron a España
10 en la dominación económica.

Al desaparecer el gran aparato administrativo español, los nuevos gobiernos necesitaban urgentemente dinero y mercados para sus productos. La tierra había quedado principalmente en manos de
15 los criollos,[4] descendientes de los antiguos colonizadores. Fue necesario que los gobiernos entraran en acuerdos monopolísticos con los países europeos para estimular el desarrollo del producto que necesitaban exportar. Como casi todo lo que exportaban servía
20 para pagar la importación de artículos fabricados especialmente para los ricos, no hubo nunca mucho intercambio económico con los otros países vecinos. El resultado fue que cada país tenía dos economías: una internacional, en la que participaban los ricos, y
25 otra interna, de intercambio de mercancías, que se basaba en las necesidades más elementales. A los propietarios ricos, que dependían del extranjero, no les interesaba el desarrollo interno del país, y no lo facilitaban con la construcción de caminos y sistemas ban-
30 carios. Además, como los ricos controlaban la economía, los gobiernos reformistas no tenían suficientes recursos para poder hacer mejoras.

ganaron   *they gained*
cuarto   *quarter*

tardó   *was delayed*

lo demás   *the rest*
reemplazaron   *replaced*

antiguos   *former*

acuerdos   *agreements*

mercancías   *merchandise*

bancarios   *banking*

recursos   *resources*

II. SOLUCIONES MODERNAS

Sólo a fines del siglo XIX comienza a tener impor-
35 tancia para varios gobiernos de Hispanoamérica la

---

[4] criollos   *Creoles: in colonial Spanish America, people of pure European descent born and raised in the colonies.*

idea del desarrollo económico. Los que estudiaban el problema encontraron tres elementos que hasta cierto punto siguen siendo lema de los partidos re- formistas de hoy día. El primero y más importante

lema *(m) slogan*

5 era el de estimular la industrialización interna para reducir la importación de todos los productos fabri- cados: maquinaria, automóviles, aparatos domésticos, etc. Esto a su vez permitiría que se usara parte de los recursos para otras cosas además de la exportación.

maquinaria *machinery*
aparatos *appliances*

además de *in addition to*

10 La dificultad era que se necesitaba invertir grandes capitales sólo disponibles en el extranjero, y esto significaba una creciente deuda.

invertir *to invest*
disponibles *available*

Otro paso deseable era el desarrollo de una agri- cultura variada que pudiera proveer al país de ali-

paso *step*

15 mentos sin tener que importarlos. Esto sólo se puede hacer por medio de una «reforma agraria»,[5] es decir, por la redistribución de las tierras concentradas en manos de pocas familias. Se pensó que si se les daba pequeños pedazos de tierra a muchas personas, ésta

20 sería utilizada más eficazmente. Desgraciadamente, han existido siempre dos obstáculos para esto: los pequeños propietarios no tienen ni los recursos ni los conocimientos técnicos necesarios para producir más de lo que consumen ellos mismos. Aun cuando

25 logran producir más, les faltan los medios de trans-

logran *they manage*

porte a los mercados urbanos. Entonces, los pequeños propietarios se ven frecuentemente obligados a ven- der su tierra al que tenga lo necesario para cultivarla.

El tercer elemento era el de establecer una mejor

30 posición frente a las naciones avanzadas, especial- mente frente a los Estados Unidos. La idea era conse-

conseguir *to achieve*

guir una unión económica de los países hispanoameri- canos, semejante a la que habían formado las naciones

semejante *similar*

europeas. La tradición de competencia por los mismos

competencia *competition*

35 mercados, sin embargo, hace difícil este paso. Ade- más, en muchos países, el capital extranjero tiene interés en impedir que se desarrolle el mercado, ya que esto disminuiría su dominio. En 1960 fue for-

disminuiría *would diminish*

mada la Asociación Latinoamericana de Libre Co-

---

[5] reforma agraria *The general term used to mean some kind of redistribution of land into smaller parcels owned by a larger number of people.*

mercio,[6] una tentativa hacia la integración económica, a la cual pertenecen muchas naciones.

tentativa *attempt*

III. LA SITUACIÓN ACTUAL

En vista de esta tradición de dificultades, es obvio
5 que el progreso será lento. Hoy día la población hispanoamericana crece a un promedio de 2,7% por año. Aun los países más industrializados no pueden proporcionar empleo para tal cantidad de gente. Las grandes ciudades experimentan un aumento anual
10 mucho mayor a causa de la migración constante del campo a la ciudad. Como resultado, es posible que el desempleo de las ciudades llegue al 20%.

en vista *in view*

promedio *average*

proporcionar *to provide*
experimentan *experience*

El caso de México demuestra el problema con la dependencia en un solo producto—una tradición que
15 existe desde la independencia.

Las alzas y bajas en el precio y la demanda del petróleo ha causado problemas graves en la economía mexicana. Durante la presidencia de José López Portillo (1976–82) el gobierno se dedicó al uso de
20 sus reservas petroleras, calculadas en unos 40 mil millones[7] de barriles, para financiar el desarrollo industrial. Parecía una política bastante segura mientras el precio del petróleo quedaba por las nubes en los años setenta. México se valió de préstamos de bancos
25 extranjeros contra el valor aparentemente alto de sus reservas. Alcanzaron una tasa de desarrollo de 7% por año y crearon medio millón de puestos de trabajo por año. Aunque esto representa un avance bastante notable, el hecho es que casi un millón de
30 personas nuevas por año comienzan a buscar trabajo.

De repente, sin embargo, cuando el precio del petróleo comenzó a bajar—debido a la incapacidad

alzas y bajas *rising and falling*

calculadas *estimated*

por las nubes *sky high*
se valió *made use of*
de préstamos *loans*

tasa *rate*

de repente *suddenly*
incapacidad *inability*

---

[6] Asociación Latinoamericana de Libre Comercio (ALALC) *Latin American Free Trade Association (LAFTA); a loosely-structured common market to which most of the nations of Latin America belong. Regional trade still accounts for less than 20% of the total in Latin America, however.*

[7] 40 mil millones *Forty billion in U.S. terms. Billón in Spanish means a million million or what we call a trillion.*

de la OPEP[8] de mantener su unidad—México se encontró incapaz de pagar sus deudas. Resultó una crisis internacional que exigía que México tomara medidas fuertes de austeridad económica para sobre-
5 vivir.

medidas *measures*
sobrevivir *survive*

El caso de El Salvador demuestra que la reforma agraria todavía desafía a los gobiernos de muchos países hispanoamericanos.

desafía *challenges*

[8] OPEP (OPEC in English) Organización de Países Exportadores de Petróleo. *Venezuela, which has exported oil for some 30 years—mostly to the U.S.—is where the organization was founded.*

El Salvador es el país más pequeño de Hispanoamérica y también el país con más densidad de población. Unas estadísticas revelan el problema: unas seis familias ricas poseían más tierra que 133.000
5 familias pobres; unas 2000 propiedades abarcaban casi 40% de la tierra; unas 300.000 familias rurales no poseían tierra alguna. Se calcula que la cantidad mínima de tierra necesaria para sostener a una familia es de 9 hectáreas. Para una población de casi
10 5.000.000 de habitantes se requeriría un país de un tamaño doble el de El Salvador.

Frente a la creciente actividad guerrillera, una reacción del gobierno ha sido la creación de un programa de reforma agraria. Los conservadores reaccio-
15 nan violentamente a tal programa y los guerrilleros también resisten porque favorecen un sistema de propiedad comunal en vez de individual.

Es otro ejemplo del peso de la historia colonial que creó esta situación que parece imposible.
20 Un hecho reciente de interés es que España ha vuelto a establecer relaciones económicas con Hispanoamérica y busca agresivamente intercambios comerciales, aprovechando su cultura, lengua e historia comunes. España está al punto de ingresar en la
25 Comunidad Económica Europea[9] y ésta quiere aumentar sus lazos comerciales con Hispanoamérica. Si España logra establecer tales relaciones primero, tendrá una posición fuerte ante la CEE.

Con todo, la mayoría de los países distan mucho
30 de eliminar la pobreza, la cual constituye uno de los mayores problemas actuales. Esta situación contribuye a la inestabilidad política y social y ha resistido los esfuerzos de los gobiernos mejor intencionados.

poseían   *possessed*

abarcaban   *took in*

tierra alguna   *any land at all*

9 hectáreas   *about 22 acres*

peso   *weight*

aprovechando   *taking advantage of*

lazos   *ties*

logra   *manages*

distan   *are far from*

esfuerzos   *efforts*

IV. LA CULTURA DE LA POBREZA

35 La pobreza en Hispanoamérica tiene una larga tradición, tan larga que, según la opinión de muchos

[9] Comunidad Económica Europea   *The European Common Market is made up of most of the industrialized countries of Western Europe.*

observadores, adquiere aspectos de una cultura o sub-cultura. Este estilo de vida o cultura pasa de genera-ción en generación y sirve de mecanismo de super-vivencia en un mundo hostil. El antropólogo Oscar
5 Lewis[10] ha sugerido que esta cultura no varía mucho de un país a otro; las medidas adoptadas por la gente en situaciones similares muestran una cierta universa-lidad, y la pobreza en cualquier nación moderna presenta las mismas dificultades humanas.

10   El profesor Lewis describe varias características de la pobreza en la capital de México que pueden ser observadas fácilmente en cualquier otro país his-panoamericano. La tercera parte de la población es pobre; esta gente tiene una mortalidad más alta y un
15 promedio vital más bajo que los otros dos tercios. Contiene por lo tanto una mayor proporción de jóvenes.

Por su falta de instrucción los pobres tienden a existir al margen de la sociedad en que viven. No
20 son miembros de los sindicatos de trabajadores ni de los partidos políticos. Tampoco hacen uso de los ele-mentos considerados como índices del progreso: los bancos, los hospitales, las tiendas grandes, los aero-puertos o los museos.

25   El sector pobre de la población tiene varias carac-terísticas económicas. Una es la escasez de empleo. Por eso hay un gran porcentaje de niños que trabajan para ayudar a la familia. Los que pertenecen a esta cultura no saben ahorrar dinero y tienden a vivir al
30 día o aún de comida en comida, comprando lo ne-cesario varias veces al día. Viven en el presente. Su actitud hacia el futuro es fatalista, y tienen poco interés en planear su vida.

Socialmente, hay una tendencia a recurrir a la vio-
35 lencia para resolver los conflictos—entre vecinos, entre esposos, entre padres e hijos. La madre ejerce la mayor influencia en las familias, de las cuales una alta proporción no tiene padre. El alcoholismo es

adquiere   *acquires*

supervivencia   *survival*

tercera parte   *one third*
mortalidad   *death rate*
promedio vital   *life expectancy*
por lo tanto   *therefore*

sindicatos de trabajadores   *labor unions*

escasez   *(f) scarcity*

pertenecen   *belong*
ahorrar   *to save*
al día   *day by day*

planear   *to plan*
recurrir   *to resort*

---

[10] Oscar Lewis (1914–1970)   *a North American anthropologist who studied poverty in Mexico extensively. His books* Five Families *and* The Children of Sánchez *are major contributions to the understanding of the culture of poverty.*

común porque la bebida hace más tolerable las condiciones de vida.

    Existe además bastante desconfianza hacia las instituciones políticas y sociales como la policía, las
5 agencias del gobierno y aun la iglesia. Hay una actitud cínica hacia las medidas para mejorar las condiciones de vida que son aprobadas por la sociedad establecida. Al mismo tiempo, hay una creciente conciencia entre los pobres de su situación econó-
10 mica, y de la gran diferencia entre ellos y las clases media y alta. Esta creciente conciencia ha hecho que

desconfianza *mistrust*

aprobadas *approved*

los partidos tradicionales tengan que pensar al menos
en alguna solución. El hecho de que los pobres han
sido el blanco principal de movimientos revolu-   blanco *target*
cionarios que utilizan las tácticas guerrilleras es una   guerrilleras *guerrilla*
5 preocupación constante de casi todos los gobiernos
actuales de Hispanoamérica.

Práctica

I. Preguntas sobre el texto

1. ¿Cuál fue uno de los motivos básicos de los viajes de Colón?   2.
¿Qué significa la expresión «vale un Potosí»?   3. ¿Qué papel tenían
los indios en la colonia?   4. ¿Qué era la encomienda?   5. ¿Cuándo
ganaron la independencia los países hispanoamericanos?   6. ¿Por qué
es tan importante la industrialización?   7. ¿Qué significa «reforma
agraria»?   8. ¿Cómo demuestran México y El Salvador la importancia
de la historia colonial?   9. ¿Qué es la «cultura de la pobreza»?   10.
¿Por qué tienen los pobres más conciencia de su condición?

II. Preguntas personales

1. ¿Cuáles son, en su opinión, algunas causas de la pobreza en los
Estados Unidos?   2. ¿Cree Ud. que hay una cultura de la pobreza
aquí? ¿Dónde?   3. ¿Cree Ud. que la pobreza aumenta el crimen?
¿Por qué?   4. ¿Cree Ud. que hay soluciones al problema del desempleo? ¿Cuáles?   5. Para Ud., ¿qué es más importante, el dinero o
la salud? ¿Por qué?   6. ¿Ahorra usted dinero? ¿Por qué?   7. ¿Usted
ha elegido (va a elegir) su carrera por las posibilidades económicas
que ofrece o por otra razón? Explique cómo la eligió (la va a elegir).
8. ¿Cree que un título de la universidad le va a ayudar económica-
mente? ¿Por qué?   9. ¿Ud. ayuda a los pobres? ¿Cómo?

III. Puntos de contraste cultural

1. ¿Cuáles son algunas de las diferencias entre la organización económica
   de las colonias hispanoamericanas y las inglesas?
2. El siglo XIX es una época de gran progreso en los Estados Unidos. ¿Existe
   el mismo progreso en Hispanoamérica?
3. ¿Por qué no ha sido muy importante la idea de la reforma agraria en los
   Estados Unidos?
4. ¿Por qué han tenido más éxito los guerrilleros en Hispanoamérica que en
   los Estados Unidos?

IV. Ejercicios de vocabulario

A. Encontrar en el texto diez pares de palabras que deriven de la misma palabra básica.

MODELO: economía / económico

B. Escribir la forma apropiada de la palabra entre paréntesis.

MODELO: (economía) el desarrollo *económico*

1. (pobre)   la cultura de la _____
2. (reforma)   un gobierno _____
3. (producir)   aumentar la _____ de alimentos
4. (colonia)   el gobierno _____
5. (favor)   un elemento que _____ al progreso
6. (exportar)   estimular la _____ de minerales
7. (construir) la _____ de caminos
8. (industria) fomentar la _____ del país
9. (universo)   la pobreza muestra cierta _____
10. (crecer)   una _____ conciencia de sus condiciones

C. Completar según los modelos.

1. tradición   **tradicional**
   a. condición _____
   b. _____ proporcional
2. exportación   **exportar**
   a. importación _____
   b. _____ concentrar
3. rico   **riqueza**
   a. pobre _____
   b. _____ grandeza
4. importar   **importador**
   a. exportar _____
   b. _____ vendedor
5. mina   **minero**
   a. azúcar _____
   b. _____ ganadero

V. Ejercicios de composición dirigida

A. Completar las frases.

1. Los españoles se dedicaron desde el principio al desarrollo de...
2. La práctica de dar grandes parcelas de tierra resultó en...
3. Los nuevos gobiernos, al desaparecer el gran aparato administrativo español...

4. Esto sólo se puede hacer por medio de una reforma agraria que es...
5. La cultura de la pobreza significa...

B. Dar su opinión personal, utilizando las palabras apropriadas de la lista.

1. la idea de la pobreza como una «subcultura»
   (desempleo, gobierno, educación, violencia, alcoholismo, abandono, desconfianza, conciencia)
2. la pobreza en los Estados Unidos
   (ciudad, campo, empleo, población, crecer, jóvenes, familia, programa, trabajar, público)
3. soluciones a los problemas económicos de los Estados Unidos
   (petróleo, inflación, importar, exportar, transporte, automóviles, gobierno, gastar)
4. el salario mínimo
   (joven, empleo, edad, difícil, fácil, trabajo, inflación, explotación, pobreza, nivel)

VI. Para usar la imaginación

Imagine usted que acaba de heredar 10 millones de dólares que no esperaba heredar. Ahora tiene una serie de decisiones que hacer sobre su futuro. ¿Cuáles son las decisiones más importantes? ¿Qué actos de caridad haría usted? ¿Dónde y cómo viviría? ¿Qué haría? ¿Trabajaría o se dedicaría a largas vacaciones? ¿Qué compraría?

Los movimientos revolucionarios del siglo XX

Vocabulario útil

Estudiar estas palabras antes de leer el ensayo.

algo   something, somewhat
apoyo   support
autocrático, -a   autocratic, dictatorial
dictadura   dictatorship
efectuar   to effect, cause to occur
ejercer   to exercise
ejército   army
eliminar   to eliminate
encabezar   to head, lead
exigir   to demand
éxito   success; **tener éxito**
   to succeed
expropiar   to expropriate, nationalize
favorecer   to favor

fracasar   to fail
fracaso   failure
fuerza   force
huelga   strike; **en huelga**   on strike
ideología   ideology, political belief
modificar   to modify, change
pertenecer   to belong
poder *m*   power
poderoso, -a   powerful
rebelde *m or f*   rebel
reforzar   to reinforce
sacrificar   to sacrifice
secuestro   kidnapping

En gran parte del mundo hispánico existen las condiciones necesarias para producir movimientos revolucionarios. La gran pobreza, los gobiernos autocráticos, la poca movilidad económica y otras

5   condiciones favorecen la creación de grupos de guerrilleros urbanos y rurales. Aunque la idea de «las revoluciones latinoamericanas» ha llegado a ser lugar común, para poder entender la frase, es necesario examinar más de cerca algunos fenómenos políticos.

lugar común   *(m) cliché*

10 I. REVOLUCIÓN Y «GOLPE DE ESTADO»

Durante nuestro siglo, en casi todos los países hispanoamericanos se han efectuado más cambios de gobierno por la fuerza que por vía democrática. Estos

15   cambios, sin embargo, raramente tienen las características de revoluciones verdaderas, sino que son simples golpes de estado. Éstos se pueden definir como cambios que sólo sustituyen un elemento por otro sin que se modifiquen los verdaderos poderes so-

20   cioeconómicos. Algunos observadores sugieren que

por vía   *by way of*

golpe de estado   *coup d'état, palace revolt*

sugieren   *suggest*

el golpe de estado en algunos países ha asumido la misma función que tienen las elecciones parlamenta-rias en el sistema europeo. Es decir que cuando un presidente pierde el apoyo del congreso, sus rivales
5 organizan un golpe en vez de fijar elecciones. El procedimiento tiene una serie de reglas tradicionales y generalmente se lleva a cabo con gran eficacia.[1] Claro que se elimina el elemento popular porque el cambio es de una fuerza militar a otra, de un grupo
10 económico poderoso a otro grupo semejante o de un partido autocrático a otro de tendencias iguales. Lo esencial es que las verdaderas bases del poder no cambian, sino sólo los individuos que lo ejercen.

Las verdaderas revoluciones implican cambios
15 mucho más profundos en la distribución del poder. Ocurren de una clase social a otra, de los propietarios a los empleados, o de los oficiales a los soldados rasos del mismo ejército. Según la mayoría de los observa-dores de la política hispanoamericana, ha habido sólo
20 tres revoluciones en el siglo XX: la de México de 1910, la boliviana de 1952 y la cubana de 1959. Esto significa que en los tres casos se efectuó una modi-ficación radical en la organización de los elementos del poder. Han existido otros movimientos que casi
25 alcanzaron niveles de revolución, como la elección y caída de Allende en Chile[2] y el movimiento peronista en la Argentina,[3] pero la gran mayoría de los cambios han sido más bien golpes de estado.

misma   *same*

fijar   *set a time for*

soldados rasos   *common soldiers*

radical   *basic*

II. LA REVOLUCIÓN MEXICANA DE 1910

30   Después de un largo período de dictadura, varios hombres del norte de México se levantaron en vio-lenta revolución en el año 1910. La guerra duró varios

se levantaron   *rose up*

---

[1] *It has been said that some coups are settled by a phone call between two generals who com-pare forces and declare a winner. Although some are violent, many involve little or no actual shooting.*

[2] Allende   *Allende came to power in 1970 by the electoral process but with a somewhat revolu-tionary platform which was beginning to change the actual power base until he was overthrown by the military in 1973.*

[3] movimiento peronista en la Argentina   *Juan Perón became president twice, in 1946 and in 1974, with a very specialized power base.*

años y terminó con una nueva constitución nacional
en 1917. Como ocurre en muchos movimientos violentos, la ideología se creó después de la guerra.
Pancho Villa y Emiliano Zapata,[4] que luchaban al
5 frente de ejércitos desorganizados y populares, se convirtieron en héroes nacionales. Los soldados respon-
dían al carisma de los líderes sin saber mucho de   carisma   *(m) magnetism*
ideologías ni de teorías políticas. También sentían
deseos de vengarse de la opresión que habían sufrido
10 bajo la dictadura de Porfirio Díaz.[5] Sin embargo, la
lucha produjo una ideología que favoreció a las clases
bajas a expensas de los ricos del régimen anterior.   régimen   *(m) regime*
    La constitución de 1917, que todavía rige en   rige   *rules*
México, incluyó varios artículos dedicados a la justicia
15 social, especialmente para los trabajadores urbanos.

[4] Pancho Villa y Emiliano Zapata   *The two most popular revolutionary leaders of the Mexican
Revolution of 1910. Neither was really an ideological leader, and both were eventually excluded
from the new government. Both men, however, retain an almost mystical image to the present
day.*
[5] Porfirio Díaz   *President of Mexico from 1872 to 1911. His oppressive regime and his reluctance to relinquish the office formed the basic political motivation for the revolution.*

Permitió por primera vez los sindicatos, y éstos vinieron a ocupar un puesto de poder en la vida nacional. Además, se promulgaron leyes para disminuir el poder de dos grupos importantes del régimen anterior: la iglesia y las compañías e individuos extranjeros.

    En el primer caso, se estableció un sistema de enseñanza pública para todo el pueblo. La educación había estado en manos de la Iglesia desde los principios de la colonia. En el segundo caso, se declaró que el suelo mexicano, incluso los minerales del subsuelo, pertenecía al pueblo. Esto daba al gobierno el derecho de prohibir la explotación de petróleo por elementos extranjeros. Bajo el Presidente Lázaro Cárdenas (1934–1940) todo el petróleo fue expropiado; ahora quedaba en manos del gobierno. En vista de los descubrimientos recientes, este hecho ha asumido ahora muchísima importancia económica.

    Muchos critican la revolución por haber sido un movimiento que sólo favoreció a la clase media, porque aunque liberó los bienes del país de manos extranjeras, también abrió el camino a los capitalistas nacionales. En otras palabras, no benefició al pueblo. Entre las únicas verdaderas mejoras figuran el aumento del alfabetismo y la construcción de un mayor número de hospitales y otras obras públicas. El mayor fracaso de la revolución lo constituyó la ineficaz ayuda al campesino. Los esfuerzos hacia la reforma agraria no dieron resultados satisfactorios, y el campesino no ha experimentado las grandes mejoras que se ven en las ciudades. No obstante, la revolución mexicana sí llegó al pueblo y lo hizo consciente de su propia identidad.

III. LA REVOLUCIÓN BOLIVIANA DE 1952

    En 1952 Bolivia experimentó cambios radicales cuando el Movimiento Nacional Revolucionario se apoderó del gobierno. Durante la década del 30, Bolivia había luchado contra el Paraguay en la Guerra

Marginal glosses:

promulgaron *passed*

suelo *ground, soil*
incluso *including*

petróleo *oil*

liberó *liberated*
bienes (m) *goods, resources*

alfabetismo *literacy*

esfuerzos *efforts*

experimentado *experienced*
no obstante *nevertheless*
sí llegó *did indeed reach*

se apoderó de *took over*

del Chaco. Aunque ganaron los paraguayos, la guerra tuvo efectos trágicos en los dos países. Los grandes depósitos petrolíferos del Chaco, que habían sido la causa de la guerra, les interesaban más en realidad a
5 las compañías extranjeras que a los bolivianos.[6] Todo esto llevó a una rebelión violenta en 1952 sobre dos bases principales: la reforma agraria y la expropiación de las minas de estaño, el producto básico de la economía boliviana.

10 La reforma agraria tuvo la suerte de muchos movimientos semejantes: los campesinos, viéndose de repente dueños de las tierras, no supieron aprovecharlas por falta de experiencia y de capital. El resultado de esta situación fue que la producción de
15 comestibles bajó, lo cual elevó los gastos del gobierno y dificultó la inversión de dinero para ayudar a los campesinos. Esto, junto con la necesidad urgente de dinero, llevó a la expropiación de las minas de estaño, que pertenecían a unas pocas familias ricas. Pero
20 también las minas requerían tecnología[7] y trabajadores baratos. Los mineros habían luchado del lado del MNR y no estaban dispuestos a sacrificarse por los campesinos. Además, el mercado mundial del estaño disminuyó con el descubrimiento de otros me-
25 tales más útiles, lo que hizo aún más difícil el proceso revolucionario. Hasta ahora, la revolución en Bolivia no ha tenido mucho éxito: los mineros están constantemente en huelga y los campesinos producen sólo lo necesario para su propio consumo.

30 Una verdadera revolución necesita un espíritu de sacrificio personal de parte del pueblo. La gente favorecida por el movimiento no puede exigir beneficios inmediatamente después del cambio de gobierno. La verdad es que, después de una revolución,
35 muchas veces hay una supresión de los derechos democráticos y de las exigencias del pueblo. Esto es lo que ocurrió en Cuba en 1959.

petrolíferos *of oil*

estaño *tin*

suerte *(f) fortune*
viéndose *finding themselves*
aprovecharlas *to take advantage of them*

comestibles *(m) food*
inversión *investment*

baratos *cheap*
dispuestos *ready*

consumo *consumption*

exigir *to demand*

---

[6] compañías extranjeras *The Chaco War (1932–1935) between Paraguay and Bolivia was promoted by Standard Oil in Bolivia and Royal Dutch Shell in Paraguay. Each company wanted the oil in the Chaco area and had the concession from their respective governments.*

[7] tecnología *As frequently happens, much of the technical personnel consists of foreign-born or trained people who tend to leave when the companies are nationalized.*

IV. LA REVOLUCIÓN CUBANA DE 1959

De todas las revoluciones hispanoamericanas de
este siglo, la que despertó más atención en los Estados
Unidos ha sido la revolución cubana del 26 de julio[8]
encabezada por Fidel Castro con la ayuda de Ernesto
5 «Che» Guevara. Hubo una diferencia importante
entre la experiencia cubana y la boliviana: en Cuba
el movimiento ya estaba en la conciencia del pueblo   conciencia
antes de llegar al poder. Cuando Castro entró victo-   *consciousness*
rioso en La Habana, el primero de enero de 1959,
10 todos sabían lo que se proponía. Además, la personali-   se proponía   *was*
dad de Fidel y ciertas acciones suyas contribuyeron a   *planned*
atraerle el apoyo popular. La barba, la gorra militar,   barba   *beard*
el rechazo del lujo asociado con su puesto, lo identifi-   gorra   *cap*
caron—sinceramente o no—con el pueblo. El «Che»   rechazo   *rejection*
15 Guevara le ayudó a reforzar esta identificación y la
llevó aún más lejos cuando fue a Bolivia a participar
en la lucha guerrillera que estalló allí cuando la   estalló   *broke out*
revolución no dio resultado. Al morir heroicamente
en 1967 en esa lucha, el «Che» aumentó aún más la
20 imagen algo sobrenatural o mística que tenían los
líderes del 26 de julio.

El problema básico de Cuba ha sido su producto
principal: el azúcar. Antes de la revolución gran parte
de la industria azucarera—tanto el cultivo de la caña
25 como la maquinaria para refinarla—estaba en manos
de compañías norteamericanas. El azúcar se vendía a
los Estados Unidos a precio elevado por acto del
congreso norteamericano. Cuando el gobierno cubano
expropió esta industria, el mercado se agotó y des-   se agotó   *dried up*
30 apareció el apoyo al precio. Entonces, Castro buscó
mercado en la Unión Soviética, lo cual causó una
reacción poco favorable de parte del gobierno norteamericano. A pesar de esto, la revolución cubana
ha podido mantenerse en el poder frente a muchos de
35 los mismos problemas que han tenido otros movimientos revolucionarios. La falta de tecnología indí-

---

[8] 26 de julio   *This is the date, in 1953, of the first attack by the rebels and so became the name
of the movement.*

gena, el problema de la maquinaria y la disminución
del mercado exterior por razones políticas han difi-
cultado el proceso.

    En los últimos años Castro ha comenzado a parti-
5 cipar en los movimientos revolucionarios en otros
países—en África y en Centroamérica principalmente. Muchos creen que su apoyo fue muy importante en el éxito de los sandinistas en Nicaragua.[9]
Los críticos de Castro alegan que manda tropas   alegan   *charge*
10 cubanas a otros países para disminuir el problema
del desempleo interno.

V. LOS GUERRILLEROS

    Uno de los héroes del movimiento del 26 de julio
en Cuba fue Ernesto «Che» Guevara (1928–1967),
15 prototipo del guerrillero de la izquierda violenta. Los
rebeldes cubanos pasaron varios años en la sierra sir-
viendo como símbolo de la oposición a la dictadura
de Fulgencio Batista, el presidente cubano. «Che»
Guevara sirvió en esa época como maestro espiritual
20 y material en los métodos de la guerra de guerrillas.
La base de esta guerra, tan común en la época contemporánea, es el ejército popular, secreto y móvil,
que cuenta con el apoyo del pueblo para obtener pro-   cuenta con   *depends on*
visiones. Guevara, en su manual sobre la organización
25 de los guerrilleros (libro que forma parte de la lectura
básica sobre el asunto), dice acerca de las posibilidades de éxito: «Donde un gobierno haya subido al
poder por alguna forma de consulta popular, fraudu-   consulta   *consent*
lenta o no, y se mantenga al menos una apariencia de
30 legalidad constitucional, el brote guerrillero es im-   brote   *(m) outbreak*
posible de producir por no haberse agotado las posi-   haberse agotado   *having*
bilidades de la lucha cívica.» Es decir que la guerrilla   *exhausted*
no puede funcionar sin el apoyo del pueblo ni puede
funcionar contra un gobierno que mantenga la apa-
35 riencia de libertad.

[9] sandinistas *This group was known as the "Frente Sandinista de Liberación Nacional." The name is derived from Augusto César Sandino (1895–1934) who headed the resistance in Nicaragua to the U.S. occupation (1927–1933) and was thus a national hero.*

Guevara creyó que las guerrillas debían limitarse
al campo por ser éste el elemento más favorable a sus
actividades. Otro hombre, Carlos Marighela, del
Brasil, estableció las bases de la guerrilla urbana, la
5 cual ha atraído la atención de todo el mundo a través
de secuestros y de las grandes cantidades de dinero
que ha recibido de rescate. Marighela abandonó el
Partido Comunista tradicional y formuló la táctica
del guerrillero urbano en un manual semejante al de
10 Guevara.

Otro caso en que han tenido éxito los guerrilleros
es el de Nicaragua. El movimiento sandinista logró
derrocar a un dictador cuya familia había ocupado el
gobierno durante casi todo este siglo, Anastasio
15 Somoza. La represión y corrupción del gobierno de
Somoza hizo posible el triunfo de un grupo guerrillero
al estilo cubano. El gobierno no mantenía ni la
apariencia de democracia y casi toda la riqueza del

rescate (*m*) *ransom*

derrocar *overthrow*

país quedaba en manos de muy pocas familias—
parientes y amigos del dictador. El nuevo gobierno
sandinista comenzó inmediatamente un proceso revolucionario pero se encontró con otra fuerza guerrillera
5 de la oposición somocista. Si logra llevar a cabo todas
las medidas revolucionarias constituirá la cuarta verdadera revolución en Hispanoamérica.

Según muchos observadores los sandinistas y el gobierno de Castro apoyan a otros grupos guerrilleros
10 en los otros países centroamericanos. Guatemala,
Honduras, El Salvador, y Costa Rica han sentido la
amenaza guerrillera.   amenaza *threat*

Existen grupos guerrilleros en muchos países del
mundo. Como vemos, en algunos casos han tenido
15 éxito en su propósito de efectuar un cambio radical
en el gobierno. En otros casos sólo han logrado hacer
incómoda la vida de los ricos y de las autoridades.

Por motivos propagandísticos los grupos guerri-
lleros por lo general se llaman a sí mismos «frente de   frente *front*
20 liberación» o «ejército popular» mientras los go-
biernos amenazados los denominan «terroristas».   denominan *call*

El caso de España muestra la dificultad que pre-
sentan tales grupos. La región vasca del norte de   vasca *Basque*
España tiene una larga historia de sentimiento sepa-
25 ratista. Los vascos tienen una cultura algo distinta y
su lengua es de origen desconocido.[10] Han luchado
contra el dominio del gobierno de Madrid por muchos
años, pero últimamente esta lucha ha resultado en
una trágica violencia de tipo guerrillero. Los vascos
30 rebeldes exigen la separación completa del país
vasco para crear una nación independiente. La nueva
constitución española, adoptada en 1979, hace posible
cierto grado de autonomía para las regiones es-   grado *degree*
pañolas,[11] pero esto no parece satisfacerles. Sus
35 métodos incluyen ataques de sorpresa contra la
policía nacional en la región, bombas que estallan en   estallan *explode*

---

[10] origen desconocido *Basque, unlike the other regional languages of Spain, is not a romance
language. The region is called "Euzkadi" in Basque.*

[11] las regiones españolas *Spain has fourteen traditional regions: Galicia, Asturias, León, Na-
varra, Cataluña, Aragón, Castilla la Vieja, Castilla la Nueva, Extremadura, Andalucía, Murcia,
Valencia, Canarias (islands in the Atlantic), and Baleares (islands in the Mediterranean of which
Mallorca is the largest). The regions have not had official status for some time, but the 1979
constitution allows those wishing it to acquire some autonomy similar to that enjoyed by the
states in the U.S.*

lugares públicos, secuestros de personas ilustres y
poderosas y otros actos de violencia. Su influencia en
los sindicatos es tan grande, que los empresarios se
ven obligados a pagar un «impuesto revolucionario»
5 a los rebeldes para evitar que llamen a una huelga.
Así los rebeldes ganan dinero para sus otras actividades. El gobierno ha hecho esfuerzos para poner
fin a la violencia pero los vascos se refugian en el sur
de Francia donde hay otra región vasca. Esto ha
10 creado mucha tensión entre los dos países. Las actividades parecen destinadas en gran parte a provocar
medidas represivas por parte del gobierno, lo cual
aumentaría la oposición del pueblo vasco hacia el
gobierno central. Es obvio que esta situación presenta
15 un dilema muy difícil para el gobierno español. De
hecho, algunos gobiernos han cedido a la presión y
han formado grupos «antiterroristas» entrenados especialmente en los métodos de los guerrilleros. Desgraciadamente, estos grupos oficiales abusan de su
20 posición. Existen varios países en que esta policía
especial (frecuentemente secreta) practica sus propias
atrocidades en la población en general. Parece depender del tipo de gobierno: el gobierno autocrático
utiliza esta fuerza para su propio beneficio y esto
25 conduce al abuso. Los gobiernos que tienen verdadero
apoyo popular pueden usar métodos extraordinarios
sin causar una reacción negativa entre los ciudadanos.
La solución casi nunca es fácil, sin embargo.

ilustres *famous*

sindicatos *unions*

se refugian *take refuge*

de hecho *in fact*
cedido *given in*
entrenados *trained*

tipo *type*

Práctica

I. Preguntas sobre el texto

1. ¿Qué es un golpe de estado?   2. ¿Qué aspecto del poder se cambia
con el golpe? 3. ¿Cuándo ocurrió la revolución mexicana?   4.
¿Quiénes fueron Pancho Villa y Emiliano Zapata? 5. ¿Cómo re-
accionaron los campesinos bolivianos cuando recibieron tierras?   6.
¿Qué hombres famosos se asocian con la revolución cubana? 7. ¿A
quién derrocaron los sandinistas?   8. ¿Qué exigen los terroristas vascos? 9. ¿Cómo consiguen su dinero?   10. ¿Cuál es la desventaja de
la policía «anti-terrorista»?

II. Preguntas personales

1. ¿Conoce Ud. ejemplos de grupos guerrilleros en los Estados Unidos? 2. ¿Qué condiciones causarían que Ud. se hiciera revolucionario(a)? 3. ¿En qué países están activos los guerrilleros hoy? ¿Sabe Ud. por qué? 4. ¿Ud. ha participado en una manifestación o una protesta? ¿Cuál era la causa? 5. ¿Cuáles grupos participan en manifestaciones en los Estados Unidos? 6. ¿Cree Ud. que vale la pena? 7. ¿Cuáles son algunos casos de éxito con una manifestación? ¿De fracasos?

III. Puntos de contraste cultural

1. ¿Cuáles son las diferencias en la importancia de la agricultura entre los Estados Unidos e Hispanoamérica?
2. ¿Por qué no ha habido necesidad de una reforma agraria en los Estados Unidos?
3. Últimamente han existido grupos de guerrilleros en los centros urbanos de los Estados Unidos, pero nunca en el medio rural. ¿Por qué es distinta la situación en Hispanoamérica y los Estados Unidos?

IV. Ejercicios de vocabulario

A. Indicar la palabra que corresponde a la definición.

1. un sistema de pensamiento político	a. partido
2. un grupo basado en afinidad de ideologías	b. secuestros
3. un partido de rebeldes secretos	c. ideología
4. táctica de los guerrilleros	d. guerra
5. lo que exigen para devolver a un secuestrado	e. dictadura
6. los soldados como grupo	f. represión
7. una actividad del ejército	g. guerrilleros
8. opuesto a la guerra	h. paz
9. método de un gobierno tiránico	i. ejército
10. un gobierno que usa represión	j. rescate

B. Completar con la forma apropiada de la palabra entre paréntesis.

1. (economía)   las condiciones _____
2. (violencia)   una rebelión _____
3. (espíritu)   el héroe _____
4. (constitución)   poderes _____
5. (revolución)   las tácticas _____

C. Completar según los modelos.

1. preparar   **preparación**

   a. indicar   _____
   b. _____   identificación
   c. educar   _____
   d. _____   declaración
   e. organizar   _____
   f. _____   expropiación
   g. participar   _____

2. producir   **producción**

   a. construir   _____
   b. _____   prohibición
   c. constituir   _____
   d. _____   definición
   e. distribuir   _____
   f. _____   disminución

D. Indicar los sinónimos.

1. cambios   a. nación
2. diferencia   b. líder
3. jefe   c. rebeldes
4. guerrilleros   d. modificaciones
5. suficiente   e. disminución
6. obrero   f. distinción
7. baja   g. bastante
8. país   h. trabajador

V. Ejercicios de composición dirigida

A. Completar las frases.

1. El golpe de estado se puede definir como...
2. Pancho Villa se convirtió en...
3. La reforma agraria en Bolivia no tuvo mucho éxito porque...
4. Una diferencia importante en la revolución cubana era...
5. Los guerrilleros crean simpatía popular debido a...

B. Dar su opinión personal, utilizando las palabras apropiadas de la lista.

1. las razones por la violencia en la política
   (opresión, frustración, desconfianza, proceso electoral, fraudulento, tortura, libertad)

2. la reacción oficial apropiada frente a los secuestros políticos
   (rescate, asilo político, desalentar, preso, tener éxito, fracasar, animar, cooperación)
3. la violencia política en los Estados Unidos
   (asesinar, presidente, seguridad, policía, candidato, carisma, televisión, campaña electoral)
4. la violencia urbana y la inseguridad personal en los Estados Unidos
   (autoridad, respeto, familia, móvil, ataque, escuela, pobreza, miedo, robo, violación sexual)

VI. Para usar la imaginación

Imagine usted que es víctima de un secuestro político. Los guerrilleros le dicen que lo han hecho para conseguir la libertad de unos presos políticos y que lo(la) van a matar si no cooperan las autoridades. ¿Qué diría usted a los guerrilleros en su propia defensa? Si permiten que usted haga una llamada a las autoridades, ¿qué les diría usted?

La educación en el mundo hispánico

Vocabulario útil

Estudiar estas palabras antes de leer el ensayo.

abogado, -a　lawyer
contratar　to contract
convenir a　to be convenient
dictar　to teach, lecture
diferir (ie)　to differ, be different
educativo, -a　educational
elección　choice
elegir　to choose
escolar　pertaining to school
especializarse　to major, specialize
estudiantil　pertaining to students
explícito, -a　explicit
gratis *m or f*　free

implícito, -a　implicit
investigación　research
instrucción　instruction, teaching
maestro, -a　teacher
manifestación　demonstration
matrícula　tuition
nota　grade
primario, -a　primary
privado, -a　private
secundario, a　secondary, high school
superior　higher
título　degree (education)

La organización y los métodos de enseñanza reflejan los valores, los ideales y la situación socioeconómica de un pueblo. Además de aumentar los conocimientos tecnológicos, el sistema de enseñanza se dedica a
5　transmitir la cultura de una generación a otra.

　　Esto se hace explícitamente en las clases de historia, de gobierno o de religión; pero el sistema de enseñanza también tiene una influencia implícita sobre la sociedad a través de los métodos usados en
10　la enseñanza, los cursos ofrecidos, o la selección de alumnos.

I. HISTORIA DE LA ENSEÑANZA HISPÁNICA

　　Durante la primera época árabe (siglos VIII a XIII) España fue el centro de la enseñanza superior en
15　Europa. La tradición griega, traída por los moros, se extendió por todo el continente desde Córdoba. La conocida tolerancia de los moros hacia las ideas heterodoxas les colocó al frente de los impulsos renovadores de la época. Sobre esta tradición fueron
20　establecidas las primeras universidades españolas:

se extendió *spread*

heterodoxas *heretical*
les...frente *situated them in the forefront*
impulsos renovadores *impulses toward change*

las de Salamanca, Palencia y Sevilla en el siglo XIII.
Estas universidades, como también sus contemporáneas de Oxford, Bolonia (Italia) y París, tenían una
estructura bastante floja—consistían en un grupo de

5 profesores privados que se ponían de acuerdo para
dar sus clases en un sitio común. Su categoría oficial
venía de una carta real y de una autorización del
Papa. En la Universidad de París el profesorado tenía
el poder mientras que en la de Bolonia el poder estaba

10 en manos de los estudiantes. Las universidades españolas, y las hispanoamericanas, siguieron el modelo
italiano. Las universidades del resto de Europa y de
los Estados Unidos prefirieron el modelo francés.
Esto, en parte, explica algunas diferencias básicas en

15 las actitudes de los estudiantes aún hoy día. El concepto principal de Bolonia era que un grupo de estudiantes contrataba a un profesor para que éste les
dictara una clase de filosofía, por ejemplo. En París,
los profesores les ofrecían a los estudiantes que

20 pagaran la matrícula las clases que les convinieran a
aquéllos. Esta distinción todavía se mantiene hasta
cierto punto, pero con la diferencia de que en la
mayoría de los casos es el gobierno o un grupo religioso el que paga a los profesores.

25   Durante el Renacimiento (siglos XV a XVII) aumentó el impulso educativo y en esta época se fundaron en España la Universidad de Alcalá de Henares
—hoy de Madrid—y la mayoría de las americanas:
Santo Domingo en 1538; México y Lima en 1551;

30 Bogotá en 1563; Córdoba, en la Argentina, en 1613;
Quito en 1622; Sucre, Bolivia, en 1624; Guatemala en
1676, etc. Casi todas estas instituciones fueron fundadas por órdenes religiosas, principalmente por los
dominicos y los jesuitas.

35   Estas universidades tenían cuatro facultades:[1] teología, leyes, artes y medicina. La primera, delicada a

floja   *loose*

categoría   *status*
carta real   *royal decree*
Papa   *(m) Pope*
profesorado   *faculty*

les...clase   *would teach
them a class*

aquéllos   *the former*

---

[1] facultades   *The word* facultad *means "faculty" only in the specialized sense of the professors
of a "school" or "college." The more usual translation for the* Facultad de Medicina *would be the*
School of Medicine. *Faculty in its most common sense in English is* profesorado *(professoriate)
or* cuerpo docente *(teaching corps).*

la formación de sacerdotes, era la más importante hasta el siglo XIX, cuando la facultad de derecho o de jurisprudencia comenzó a prevalecer. La facultad de medicina también creció en importancia en ese
5 siglo. Las facultades de artes (hoy llamadas más frecuentemente de Filosofía y Letras) tenían dos funciones tradicionales: 1) preparación para las otras facultades y 2) preparación de maestros de enseñanza secundaria.

derecho *law*
prevalecer *to prevail*

10 No es hasta la segunda mitad del siglo XIX que las universidades asumen su segundo papel: el de ser centros de investigación científica apoyados por el gobierno. También comienza a aumentar el número de facultades: las de ingeniería, de comercio, de
15 farmacia, etc.

mitad *half*

ingeniería *engineering*

Durante toda esta época la enseñanza primaria y secundaria era una actividad exclusivamente religiosa o privada. La actitud era que este aspecto de la vida era una responsabilidad personal. La entrada a la
20 universidad se obtenía mediante un examen abierto. El joven se preparaba por medio de una escuela secundaria o de maestros privados, o por sus propios estudios y lecturas. La meta final era el examen de ingreso a la universidad. Hasta el siglo XIX no existía
25 el concepto de la educación como bien nacional. Las ideas económicas del siglo XIX comenzaron a dar valor monetario a un pueblo educado. Además, los ideales democráticos dieron doble impulso al desarrollo de sistemas públicos de enseñanza: 1) la
30 igualdad de oportunidad exigía escuelas pagadas por el gobierno; 2) para poder ejercer sus nuevas obligaciones cívicas, el pueblo necesitaba alcanzar cierto nivel de conocimientos.

mediante *by means of*

meta *goal*
ingreso *entrance*
bien *good*

exigía *demanded*

alcanzar *to reach*

En el siglo XX aparece la idea de asistencia obliga-
35 toria, aunque por lo general ésta era más un ideal que una realidad. La falta de recursos impedía que la enseñanza llegara a los niños rurales. Hoy día la asistencia es obligatoria hasta los 12 o 14 años en la mayoría de los países hispanos, pero la instrucción
40 también es gratis.

asistencia *attendance*

impedía *prevented*

Otra idea que ha ganado apoyo en los últimos años es la educación vocacional—la agricultura, la me-

cánica y el comercio se enseñan cada vez más. Estas
materias, sin embargo, se enseñan solamente en
escuelas especiales que admiten alumnos que ya
hayan terminado la escuela primaria. Las demás
5 escuelas todavía ofrecen las mismas materias de
antes y preparan a los alumnos para la universidad
y para las profesiones tradicionales.

cada vez más *more and more*

II. «EDUCACIÓN» Y «ENSEÑANZA»

Para entender algo del concepto de la enseñanza
10 en el mundo hispánico y de cómo difiere del de los
Estados Unidos es necesario aclarar algunas cuestiones de terminología. La palabra «educación»
tradicionalmente se refiere al proceso total de formar
un adulto de un niño. Incluye, pero no se limita a la
15 instrucción recibida en la escuela. El niño también
recibe su educación de su familia, de la iglesia y de
sus experiencias. El proceso académico es la «enseñanza». La palabra deriva de «enseñar», la tarea
del maestro. Sólo recientemente se encuentra la
20 palabra «educación» usada en el sentido del proceso
escolar.

aclarar *to clarify*

tarea *task*

Los niveles de la instrucción académica son la
enseñanza pre-escolar, la enseñanza primaria o elemental, la enseñanza media o secundaria y la en-
25 señanza superior o universitaria. Como se verá, estos
niveles no son exactamente iguales a sus equivalentes
del sistema norteamericano.

Varios otros términos pueden confundir al observador norteamericano. La palabra «curso» significa
30 toda una carrera escolar: por ejemplo, «el curso de
medicina». «Materia» es una serie de clases dedicadas
a un asunto. El curso, entonces, consiste de varias
materias que por lo general están prescritas sin que el
estudiante tenga ninguna elección. El concepto de
35 «requisitos» apenas existe puesto que casi todas las
materias dentro del curso son requisitos. Hay casos en
que el alumno puede elegir entre secciones: por ejemplo, el curso de lenguas modernas ofrece elección

curso *degree program*

materia *course*

prescritas *prescribed, required*

requisitos *requirements*

entre varias lenguas, pero en culaquier caso se estudia
la misma serie de materias—gramática, cultura,
literatura, etc.

    El «bachillerato» es más o menos equivalente al
5 diploma secundario en los Estados Unidos y no al
título universitario. Éste, por ser más especializado,

no tiene nombre genérico sino que se le llama por el
título profesional: profesor para los graduados de la
Facultad de Filosofía y Letras, médico para los de
Medicina, ingeniero para los de Ingeniería, abogado
5 o licenciado para los de Leyes (Derecho)[2], etc. Las
«facultades» equivalen más o menos a las «escuelas»
profesionales de las universidades norteamericanas
con la diferencia de que se hacen responsables de la
enseñanza total del alumno. Esto quiere decir que
10 hay profesores de inglés o de castellano en la Facultad de Medicina y otros en la Facultad de Ingeniería.
Esto muestra dos contrastes muy importantes con el
sistema norteamericano: la especialización que, en
algunos países, comienza temprano, y la falta de
15 posibilidad de elección de las materias por el alumno.
Es posible, por lo general, tomar clases en otras facultades pero no cuentan para el título.

genérico   *general*

III. LA ORGANIZACIÓN DE LA ENSEÑANZA HISPÁNICA

20   Aunque sería imposible describir en detalle todos
los sistemas de enseñanza de los países hispánicos, se
puede dar una idea general de éstos.

Hay jardines de infantes que aceptan alumnos
desde los dos o tres años hasta los seis. Esta etapa no
25 es obligatoria y relativamente pocos niños asisten.

La enseñanza primaria abarca desde los seis años
hasta los 12. En la mayoría de los países hispánicos
es obligatoria y gratuita. Termina con un certificado
de sexto grado.

30   La próxima etapa es la de los «colegios» o «liceos».[3]
La enseñanza media o secundaria en Hispanoamérica

jardines de infantes   *(m)*
    kindergartens
etapa   *level, stage*

abarca   *covers*

gratuita   *free*

sexto   *sixth*
colegios   *high schools*
liceos   *high schools*

---

[2] leyes (derecho)   *These two terms are used interchangeably to refer to law. Licenciatura, properly a law degree, has come to be used in some areas to refer to what is the equivalent of a master's degree in the United States.*

[3] «colegios» o «liceos»   *The European system of names is used both in Spain and Spanish America. Many universities have their own* colegios *to prepare students for entrance. The* «bachillerato» *is difficult to compare to the U.S. system. In most Hispanic countries, it represents approximately the equivalent of two years of college.*

generalmente se divide en dos ciclos que suman cinco
o seis años en total. Por lo general el primer ciclo, o
ciclo básico, termina en el bachillerato elemental o
general y el segundo en el bachillerato. Este se-
5 gundo ciclo representa una preparación más especializada para una carrera profesional y sólo los
alumnos que piensan entrar en la universidad siguen
hasta ese punto. Muchas veces se hace distinción
entre el bachillerato de humanidades o de ciencias.

10 En España la división es distinta: hay cuatro años
de enseñanza primaria y cuatro más de enseñanza
media que son obligatorios y que terminan en el
bachillerato elemental. Con dos años más se gana
el bachillerato general superior y luego hay un año
15 de enseñanza pre-universitaria en ciencias o en
humanidades.

En muchos sistemas existen escuelas separadas
especializadas para comercio, para maestros, y para
las fuerzas militares. Estas escuelas comienzan por lo
20 general después de la escuela primaria, o sea a los
13 o 14 años. Esto requiere una decisión relativamente
temprana sobre el destino del alumno. También es
interesante notar que los maestros de las escuelas
primarias se especializan desde los 12 o 14 años en
25 las escuelas normales y a los 17 o 18 años pueden
comenzar a ejercer su profesión. Sólo los maestros o   ejercer *to practice*
profesores de enseñanza secundaria tienen que pre-
pararse en la universidad o en institutos normales   normales *teacher-
más avanzados que la escuela secundaria.   training*

30 Las materias de la escuela primaria son las mismas
que en los Estados Unidos: idioma, matemáticas   idioma *language*
elementales, estudios sociales (historia y geografía,
nacional y mundial), ciencias naturales, ciudadanía,   ciudadanía *civics*
higiene y estética (arte y música). Hay generalmente
35 también cursos de desarrollo moral y social que tienen
el propósito de transmitir valores personales a los   propósito *purpose*
niños.

El día escolar en la escuela primaria es generalmente más corto que en los Estados Unidos: dura
40 cinco horas en vez de seis. Sin embargo, la enseñanza   en vez de *instead of*

tiende a ser más concentrada durante este tiempo.
Algunas materias como el desarrollo físico o la práctica de la música y del arte no se incluyen en el
curriculum general.

5   Para pasar de un año a otro el alumno tiene que
aprobar los exámenes finales, generalmente orales.
Si no aprueba tiene que volver a cursar la materia
suspendida el año siguiente. El alumno tiene la responsabilidad de su propio progreso. En la escuela
10 primaria por lo general es necesario aprobar todas
las materias, pero en la secundaria son consideradas
por separado.

    En la mayoría de los países hispánicos las escuelas
primarias y muchas veces las secundarias mantienen
15 la separación entre los sexos. Se mezclan sólo en
aquellos lugares en donde no es factible tener dos
escuelas separadas.

    La enseñanza media o secundaria generalmente
inicia la especialización del alumno. Después de
20 recibir el certificado de la escuela primaria, los
jóvenes eligen entre varios campos de estudio: las
humanidades, para los que piensen cursar la carrera
de maestro o profesor en la universidad; las ciencias

aprobar *to pass (a course)*
cursar *to take (a course)*
suspendida *failed*

por separado *separately*

factible *practical*

para la ingeniería o la medicina; la escuela vocacional, etc. Por lo general tienen que aprobar un
examen de ingreso o de selección antes de ser acepta-
dos en la escuela elegida.

5   Existe en los países hispánicos un número relativamente grande de escuelas secundarias militares
que dan el título de bachiller y también un nombramiento a la categoría de oficial en las fuerzas armadas.
Esto casi nunca se hace en el nivel universitario
10 como en los Estados Unidos.

En muchos países hispanos los exámenes finales se
dan por materia en las escuelas secundarias y el
alumno recibe una nota final entre 0 y 10. Generalmente el 6 es la nota mínima de aprobación. Si recibe
15 menos de 6 en cualquier materia, tiene que repetirla,
pero puede seguir al próximo nivel en las materias
aprobadas. Un 10 se califica de «sobresaliente» y un   sobresaliente *excellent*
9 de «notable» en muchos casos. La práctica de dar   notable *very good*
exámenes parciales durante el año es todavía infre-   exámenes parciales *(m)*
20 cuente—se juega todo en la nota recibida en el   *mid-term exams*
examen final. Este examen casi siempre tiene al   se juega todo
menos una parte oral, en que el alumno se presenta   *everything rides on*
ante un tribunal de profesores que le hacen preguntas   tribunal *(m) panel*
sobre la materia en cuestión. Por lo general el alumno
25 tiene muy poca idea del nivel de sus conocimientos
antes de ese momento. No es necesario decir que la
época de los exámenes, que dura dos o tres semanas
debido al tiempo requerido para los exámenes orales,
inspira cierto miedo en el alumno.

30   En casi todos los países hispánicos el sistema
escolar se organiza a nivel nacional. Hay, por lo general, un ministerio de educación que, con sus con-
sejeros profesionales, determina la forma que tendrá
el sistema en todos los niveles. La gran mayoría de
35 las escuelas son oficiales y las que no lo son—las
escuelas privadas y las religiosas—tienen que seguir
el mismo curriculum para que sus títulos sean válidos.
Sólo las universidades tienen cierto grado de autono-   autonomía *autonomy*
mía en los países hispánicos. Esto procede de su
40 larga tradición de prestigio e importancia en la vida
nacional y del poder político de los estudiantes.

IV. LAS UNIVERSIDADES EN EL MUNDO HISPÁNICO

Desde el establecimiento de la Universidad de
Salamanca en el siglo XIII hasta la actualidad, la
universidad ha ocupado una posición de importancia
en la sociedad hispánica. Por la organización espe-
5 cializada en facultades profesionales, el título universitario de doctor en medicina o licenciado en
derecho es muchas veces un símbolo de prestigio
más que una preparación práctica. Así que se encuentran en todas las carreras personas que poseen
10 un título profesional que no tiene mucha relación con
su verdadera profesión. Además de esto, las facultades se componen en gran parte y a veces casi
exclusivamente de profesionales. Invitar a un médico
de la comunidad a dar una clase en la facultad de
15 medicina es uno de los honores más grandes que se le
puede hacer.

Esta costumbre tiene la ventaja de proveer ins-   ventaja *advantage*
trucción práctica especializada y variada. La des-
ventaja es que el médico o abogado que sólo se
20 presenta en la universidad tres o cuatro veces a la
semana para dictar sus clases tiene poca oportunidad
para el contacto fuera de clase, que forma parte
importante de la experiencia educativa.[4]

En las sociedades menos desarrolladas las universi-
25 dades son muy importantes en todos los campos—la
tecnología, la medicina, las ciencias sociales y las
artes. La universidad proporciona un lugar conve-   proporciona *provides*
niente para construir laboratorios, institutos de inves-
tigación y teatros o salas de conciertos.

30 El resultado es que en las universidades se con-
centra el talento del país. Es costumbre asentar las   asentar *to locate*
universidades en las ciudades más importantes, espe-

[4] *Most administrators feel that the widespread practice of part-time teaching is undesirable;
salaries are kept low, teacher-student contact is minimal, rational curriculum planning is difficult, faculty communication is poor, etc. Typically, universities outside large cities have made
progress toward establishing a full-time faculty since they have fewer community resources to
draw on. The same prestige factor which induces eminent physicians and attorneys to teach for
very little pay makes eliminating the practice difficult. In the humanities it is not uncommon
for a professor to have three or four different schools to go to each day.*

cialmente en las capitales. De esta manera, se crea una organización fácilmente controlada por el gobierno y se atrae hacia la ciudad a las personas más hábiles.

5   La mayoría de las universidades mantienen cierta autonomía sobre sus asuntos internos aunque, como en cualquier país, existen presiones sociales. Por lo   presiones   *(f) pressures* general el sistema de universidades se encuentra bajo la jurisdicción del gobierno nacional, y no de los 10 estados o provincias. Aun cuando hay centros provinciales, están obligados a seguir el curriculum de la universidad nacional si quieren que sus títulos sean legalmente válidos. Esta práctica refuerza el control   refuerza   *reinforces* que ejerce el gobierno federal sobre el sistema entero. 15 Sólo las universidades privadas, que casi siempre son religiosas, tienen algo de libertad en el campo de la experimentación educativa. Esto ha resultado en la creación y expansión de las universidades católicas en el mundo hispánico en la última década. Éstas han 20 sido centros de innovación y modernización en muchos de los países.[5]

V. LA VIDA ESTUDIANTIL

Los estudiantes universitarios repiten el proceso de concentración. En la mayoría de las universidades 25 hispánicas la matrícula es casi gratis y por eso teóricamente accesible a todos. En la práctica, sin embargo, los jóvenes pobres tienen que trabajar para ganarse la vida. Además, los exámenes de ingreso muchas veces requieren preparación especial que 30 sólo puede ser alcanzada por medio de escuelas privadas relativamente caras.

Se puede decir que los estudiantes universitarios componen una clase aparte. Tienen más contacto que el resto de la población con las actividades políticas

---

[5] *Many administrative and curricular reforms are impossible in the traditional universities due to several factors mentioned. The tenure system in which one professor is chosen in each subject for a life term stifles change. The private universities can avoid some of these problems as can new public institutions.*

de la nación y del mundo. Están más conscientes de
los problemas y de sus posibles soluciones. Esta conciencia a veces se ha manifestado en forma de actividades importantes para la política nacional durante
5 el siglo XX. En algunas ocasiones el resultado ha sido
la violencia, como ocurrió durante las manifestaciones
de los estudiantes mexicanos en Tlatelolco en 1968.[6]

    manifestaciones   *(f)*
    demonstrations

    Los estudiantes universitarios en Hispanoamérica
participan activamente en el gobierno de la universi-
10 dad; por lo general mucho más que sus colegas
norteamericanos. La primera manifestación estudiantil del siglo XX fue el movimiento de la reforma
universitaria iniciado en la Universidad de Córdoba,
Argentina, en 1918. Rápidamente se extendió por el
15 continente y en muchos centros se convirtió en un
nuevo sistema de gobierno universitario con mucho
poder en manos de las juntas estudiantiles.

    juntas estudiantiles
    student councils

    Es importante recordar que el sistema de exámenes
finales donde el candidato se presenta a fin de curso
20 y el hecho de que la asistencia a clases no es obligatoria deja al individuo el tiempo necesario para la
política. Aunque la mayoría de los cursos son de
cuatro o seis años, es bastante común encontrar estudiantes que llevan el doble de eso sencillamente
25 porque no han querido presentarse a los exámenes.

    presentarse a
    present themselves for
    debido   *due*

    Debido a la división de la universidad en facultades
especializadas los centros hispánicos muchas veces
no tienen un solo «campus» como en los Estados
Unidos. Los estudiantes que asisten a la Facultad de
30 Ingeniería, por ejemplo, no toman clases en otras
facultades. Frecuentemente las facultades están en
varias partes de la ciudad y por eso la vida estudiantil
es distinta.

    La mayoría de los estudiantes viven en casas parti-
35 culares o en pensiones porque pocas universidades
hispánicas tienen residencias oficiales para estudiantes. Esto también disminuye el sentido de pertenecer a un grupo social que caracteriza la vida

    pensiones   *boarding*
    houses

    sentido   *sense*

[6] Tlatelolco   *A historical plaza in Mexico City where a student demonstration was stopped by the military. A large number of students died—some people claimed as many as 500, although the government vigorously denied it.*

estudiantil en las universidades tradicionales en los Estados Unidos.

Sin embargo, los estudiantes hispánicos también tienen sus actividades sociales—bailes, fiestas, grupos
5 dedicados a intereses especiales. Estas actividades son casi siempre funciones de los estudiantes de una facultad porque se identifican más fuertemente con su facultad que con la universidad total. Los grupos musicales, por ejemplo, llamados «tunas» o «estu-
10 diantinas» siempre representan una facultad.

Algunas universidades modernas y otras que han sido reconstruidas en el siglo XX sí tienen un centro   sí tienen   *do have* geográfico donde se encuentran todas las facultades. La Universidad Nacional de México es un ejemplo de
15 esta nueva tendencia. Pero el concepto de residencias como los «dormitories» norteamericanos no es una idea muy común. Es que básicamente la universidad no tiene función social en la vida del estudiante. Se limita a la función pedagógica.
20 El sistema de enseñanza se crea como reflejo de los valores sociales del país, pero puede constituir una fuerza que actúa sobre esos mismos valores para cambiarlos o para modificarlos. Aunque la organización y la tradición del sistema son básicamente con-
25 servadoras, el proceso de educar a los jóvenes es revolucionario y crea las condiciones propias para el cambio.

Práctica

I. Preguntas sobre el texto

1. ¿Cuáles fueron las tres primeras universidades de España? 2. ¿Cuál era la diferencia entre la organización de las universidades de París y Bolonia? 3. ¿Cuándo comenzaron a ser importantes las facultades de derecho y medicina? 4. ¿Cuál es la distinción entre «educación» y «enseñanza»? 5. ¿Qué significan «curso» y «materia» en el sistema hispánico? 6. ¿A qué nivel se encuentra el colegio? 7. ¿A qué nivel se encuentra la escuela militar en los países hispánicos? 8. ¿A qué nivel de gobierno se dirige el sistema educativo en los países hispánicos? 9. ¿Cuáles son los centros de modernización universitaria hoy

día?   10. ¿Por qué no es necesario tener un «campus» centralizado en las universidades hispánicas?

II. Preguntas personales

1. ¿Cree usted que debe haber más o menos elección de materias en su programa universitario? ¿Por qué?   2. ¿Hay más requisitos hoy que antes?   3. ¿Usted va a terminar la universidad en cuatro años o va a tomar más tiempo? ¿Por qué?   4. ¿Cree usted que la universidad debe ser gratis como la escuela secundaria?   5. ¿Usted iría a la universidad aunque costara el doble?   6. ¿Usted piensa asistir a un programa profesional como medicina o derecho?   7. ¿Tiene su universidad un «campus» central?   8. ¿Vive usted en una residencia estudiantil? ¿Por qué?   9. ¿Cree que es mejor tener residencias como parte de la universidad?   10. ¿Cree usted que los estudiantes deben tener más o menos poder en la universidad?

III. Puntos de contraste cultural

1. ¿Cuáles son algunas implicaciones de la diferencia de modelos universitarios entre el mundo hispánico y el mundo anglosajón?
2. ¿Qué diferencia implica el hecho de que se distingue entre educación y enseñanza en la cultura hispánica mientras que *education* abarca las dos cosas en inglés?
3. ¿Qué diferencias hay en el curriculum secundario de los dos sistemas?
4. ¿Qué diferencias hay entre el método de control oficial de los sistemas hispánicos y el sistema norteamericano? ¿Cuáles son algunas ventajas y desventajas de cada uno?

IV. Ejercicios de vocabulario

A. Indicar la palabra que corresponde a la definición.

1. una sección profesional de la universidad	a. bachillerato
2. los profesores	b. colegio
3. curso de estudios secundarios	c. aprobar
4. el conjunto de materias que llevan al título	d. profesorado
5. la escuela secundaria	e. educar
6. lo que estudian los abogados	f. facultad
7. salir bien en el examen final	g. autonomía
8. grupo de profesores que juzgan el examen	h. curso
9. el control sobre sus propios asuntos	i. derecho
10. proceso de formar un adulto	j. tribunal

B. Dar la forma apropiada de la palabra entre paréntesis.

    1. el día (escuela) _____

    2. la asistencia (obligar) _____

    3. la enseñanza (segundo) _____

    4. un grupo (estudiante) _____

    5. la investigación (ciencia) _____

C. Indicar los sinónimos.

    1. colocar   a. derecho

    2. leyes   b. lugar

    3. crecer   c. aumentar

    4. enseñanza   d. asentar

    5. excelente   e. por separado

    6. entrada   f. ingreso

    7. aparte   g. instrucción

    8. sitio   h. sobresaliente

D. Completar con la forma apropiada de la palabra entre paréntesis.

    1. (conocer)

        a. Es el _____ profesor de español.

        b. Se dedica a aumentar los _____ tecnológicos.

        c. Yo lo _____ en la escuela secundaria.

    2. (autorizar)

        a. Necesita la _____ del profesor.

        b. Es un acto _____ ante la ley.

        c. ¿Quién _____ este movimiento?

    3. (educar)

        a. Hay necesidad de reforma _____ .

        b. Los padres tienen la responsabilidad de _____ al niño.

        c. Muestra su mala _____ .

    4. (obligar)

        a. Cumple con sus _____ .

        b. Es una clase _____ .

        c. Se vio _____ a repetirla.

V. Ejercicios de composición dirigida

A. Completar las frases:

    1. Las primeras universidades consistían en...

    2. Los niveles de enseñanza son...

    3. La palabra *curso* significa...

    4. La escuela secundaria se dedica a...

    5. Aunque el sistema es conservador, el proceso de educar a los niños...

B. Dar su opinión personal, utilizando las palabras apropiadas de la lista.

1. la elección de la carrera a los 16 años
   (temprano, arrepentirse, decidirse, joven, maduro, equivocarse, malgastar)
2. la educación vocacional y el estudio de filosofía y letras
   (útil, trabajo, dinero, moralidad, desarrollo, ampliar, mundo)
3. el poder estudiantil contra el poder del profesorado
   (equilibrio, contribución, joven, anciano, exámenes, notas, sistema, democrático)
4. el costo de la educación superior
   (público, privado, impuestos, matrícula, bien social, mejora personal, gratuito, gobierno)

VI. Para usar la imaginación

Imagine Ud. que puede cambiar de lugar con uno(a) de sus profesores(as). ¿Con cuál cambiaría? ¿Por qué? ¿Cómo va a tratar a su antiguo profesor ahora que está en la clase que usted enseña? ¿Cómo va a tratar a los estudiantes en general? ¿Da usted muchos exámenes? ¿Qué les va a decir el primer día de clase?

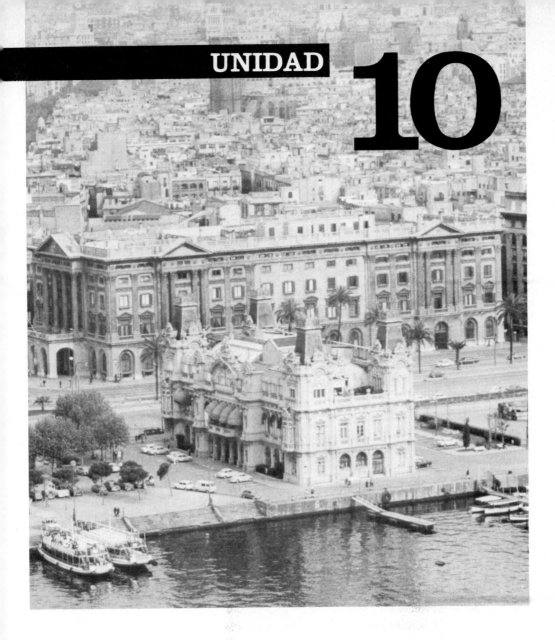

10

La ciudad en el mundo hispánico

Vocabulario útil

Estudiar estas palabras antes de leer el ensayo.

almorzar   to eat lunch
almuerzo   lunch
antiguo, -a   old, antique
asociar   to associate
atracción   attraction
atraer   to attract
banco   bank, bench
barrio   neighborhood, area of a city
centro   center;
 el centro   downtown
campestre   rural
compra   purchase; **hacer compras**
 to shop; **ir de compras**   to go
 shopping
charlar   to chat, converse
edificio   building
esquina   corner (outside)
fuera (de)   out, outside

fundar   to found, create
lazo   tie, connection
museo   museum
núcleo   nucleus, center
piso   floor, story (of a building)
población   population
provenir   to come from
recordar (ue)   to recall, remember
recuerdo   memory
reunirse   to meet, join with
rodear   to surround; **rodeado de**
 surrounded by
sabor *m*   flavor, taste
soledad   solitude, loneliness
tesoro   treasure
vecino, -a   neighbor, resident of a
 "barrio"

Según los historiadores, las primeras ciudades de la región mediterránea nacieron de la alianza de varias tribus motivadas por necesidades económicas, sociales y religiosas. Las descripciones de la fundación de
5 las grandes ciudades como Atenas y Roma siempre hacen hincapié en el aspecto religioso: se consultaba con los dioses para saber dónde se debía construir la ciudad. Lo primero que se hacía era consagrar el lugar a un dios cívico, lo que creaba lazos permanen-
10 tes para la gente, que así no podía abandonar la ciudad. El templo, las ceremonias, los sacerdotes, todo se relacionaba con el lugar. Para los pueblos antiguos la ciudad era el centro de su religión y la razón principal de su existencia. Ésta es la tradición en que se
15 formó la sociedad española.
    Las grandes ciudades indígenas de América tenían orígenes semejantes. Tenochtitlán, el centro de la civilización azteca, fue establecido en el lugar indi-

hacen hincapié en
emphasize

consagrar to consecrate

cado por un dios. Los aztecas eran una tribu del norte, que había vagado por el valle de México, llamado Anáhuac («cerca del agua») hasta que recibieron la visión maravillosa de un águila, con una serpiente en
5 la boca, posada sobre un nopal. Allí se pararon y construyeron su ciudad sobre un lago, poniendo las casas sobre largas estacas.

vagado   *wandered*

águila   *eagle*
posada   *perched*
nopal   *(m) cactus*

estacas   *stakes, sticks*

La ciudad ejerció siempre una gran atracción sobre el pueblo como el centro de lo bueno de la vida.
10 Esta atracción aumentó durante el Renacimiento europeo[1] con el nuevo papel comercial que asumieron las grandes ciudades mediterráneas.

I. LAS CIUDADES EN EL MUNDO HISPÁNICO

Desde la dominación romana, la historia de España ha sido una historia de ciudades. El concepto romano—y por lo tanto occidental—de civilización se ve en la raíz de la palabra misma: *civitas*, que se refería a las asociaciones religiosas y políticas que formaban las asambleas de familias y tribus. En otras
20 palabras, la «civilización» es el resultado de la ciudad. El espacio en el cual se juntaban las asambleas se llamaba *urbs*, de donde proviene la palabra urbano.

asambleas   *assemblies*

se juntaban   *gathered*

En la península, los romanos utilizaron los centros de población ya existentes y éstos vinieron a ser los
25 lugares más importantes. Allí se situaron primero las autoridades romanas y después el senado y los centros culturales y recreativos.

situaron   *situated*
senado   *senate*

Las invasiones germánicas no cambiaron mucho esta situación. Los visigodos se adaptaron a la forma
30 de vida romana, aunque tenían más interés en la sociedad rural del feudalismo. La única ciudad importante de la época visigoda era Toledo, que fue la primera capital de la península. Esta ciudad simboliza la gloria medieval de España. Fue también el lugar

---

[1] Renacimiento europeo   *The Renaissance (or rebirth of classical culture after the Middle Ages) during the 14th and 15th centuries also marked the rise of the city in Western civilization. Cities were centers of culture and, because of the rise of the banking and export–import systems, they became commercial centers of great economic power.*

elegido por El Greco[2] cuando éste llegó a España en
1577. Todavía existe su casa, que hoy es una atracción
turística.

Cuando los moros invadieron España, ocuparon
5 las ciudades que encontraron, pero establecieron su
centro en la ciudad sureña de Córdoba. Gran parte   sureña *southern*
de esta culta y brillante ciudad fue destruida durante   culta *cultured*
la Reconquista por ser símbolo del poder islámico.
Sólo queda la mezquita principal como recuerdo de   mezquita *mosque*
10 su pasado glorioso. Un poco más al sur de Córdoba
está la ciudad de Granada, donde se encuentra la
Alhambra, el magnífico palacio de los reyes moros.
Viajeros extranjeros, entre ellos Washington Irving,   viajeros *travellers*
se han maravillado ante esta creación de formas geo-   maravillado *marveled*
15 métricas y abstractas comparable sólo al Taj Mahal
de la India.

La capital actual, Madrid, recién comenzó a ocupar
un lugar de importancia en la vida española en el
siglo XVI. Fue Felipe II el que trasladó la corte de
20 Toledo a la comunidad de Majrit en 1560, a fin de
observar la construcción de su propio monumento,
El Escorial.[3] Felipe quería situar la capital en el
centro para afirmar la unidad nacional, concepto bastante tenue en aquella época. En poco tiempo Madrid   tenue *tenuous*
25 se convirtió en el núcleo de la vida nacional.

Hoy día Madrid es una ciudad de 4,1 millones de
habitantes que sintetiza la cultura moderna española.   sintetiza *synthesizes*
Desde la Plaza Mayor[4], que recuerda los primeros
años de la ciudad, hasta el Palacio Nacional (antes
30 Palacio Real), monumento del Siglo de las Luces, y   Siglo de las Luces *Age*
la Plaza de España, rodeada de rascacielos modernos,   *of Enlightenment*
se ve la historia de España. En el Museo del Prado   rascacielos *(m)*
y en el Escorial se encuentra el tesoro artístico de   *skyscrapers*
                                                        tesoro *treasure*

[2] El Greco (1541–1614) *One of Spain's greatest artists, El Greco was born in Crete but came
to Spain as a youth.*

[3] El Escorial *The Moorish name for Madrid was Majrit. Felipe II ordered the construction of
El Escorial, a group of buildings containing a church, a monastery and a palace, because of a
vow made to St. Lawrence (San Lorenzo) prior to an important victory over the French in 1557.*

[4] Plaza Mayor *Virtually all Hispanic cities have a main* plaza *or open space surrounded by
government buildings and usually the cathedral. It may be called the* Plaza Mayor *or it may
bear the name of some national hero or in Mexico it may be called the* Zócalo. *The* Palacio
Nacional *is the equivalent of the White House in Washington, D.C. In Buenos Aires it is called
the* Casa Rosada *or "Pink House" because of its traditional color.*

España: obras no sólo de artistas españoles sino también de los holandeses e italianos de los siglos XVI y XVII cuyos países formaban parte del Imperio español.

5 Otra ciudad española que floreció en el siglo XVI fue Sevilla. Ésta simboliza la España romántica de Carmen, de Don Juan, de los gitanos. La imagen española más conocida en el resto del mundo, y que generalmente se reproduce en los afiches de viajes
10 corresponde a la región de Andalucía en el sur y a su capital, Sevilla. Esta ciudad, que perteneció al reino árabe desde 712 hasta 1248, experimentó su verdadero florecimiento en el siglo XVI, época en que fue el principal puerto fluvial de España. Después del
15 descubrimiento de América, Sevilla se convirtió en el centro de las grandes casas comerciales que financiaban las nuevas expediciones. Atrajo a gente de toda Europa y su nombre se llegó a asociar con lo exótico, lo romántico y lo misterioso.
20 Sevilla ha mantenido esa personalidad hasta hoy. La Triana, sección gitana, el espectáculo de la Semana Santa[5], la famosa feria[6], traen el recuerdo del pasado romántico. Velázquez y Murillo nacieron en Sevilla y la catedral del siglo XV, uno de los mayores
25 edificios góticos del mundo, contiene muchos de los tesoros traídos del Nuevo Mundo.

Otra ciudad importante de España es Barcelona, puerto comercial mediterráneo. A diferencia de Sevilla, Barcelona ha sido siempre el punto de contacto
30 entre Europa y España. Es considerada hoy día la ciudad más europea de la península. Debido a que tuvo menos influencia árabe—sólo un siglo—mantiene aún sus lazos romanos y góticos, pero Barcelona es en realidad producto del siglo XIX y de la revolu-

holandeses   *Dutch*

floreció   *flourished*

gitanos   *gypsies*

afiches   *(m) posters*

puerto fluvial   *river port*

atrajo   *it attracted*

gótico   *Gothic*

---

[5] la Semana Santa   *Holy Week is traditionally one of the more elaborate spectacles in Spain, with religious processions and ceremonies. In Sevilla the passion and fervor of this period are considered to be unequaled anywhere in the world.*
[6] famosa feria   *Just as Holy Week is observed with religious fervor, the* feria *or fair of Sevilla which follows it is characterized by a similar, though secular, intensity. Ten square blocks of colorful private booths, a large carnaval and numerous restaurants are constructed and serve as the scene of ten days of constant partying. By day the grounds are filled with men and women on horseback or in horse-drawn carriages, dressed in typical costumes. The origin of the* feria *was a stock show, but it has become the major festival of the year for the Sevillanos.*

ción industrial. Balenciaga, uno de los creadores de
la moda femenina, nació allí.

   Barcelona se encuentra en la provincia de Cataluña. Esta provincia simboliza la independencia e
5 individualismo del carácter español. A pesar de los
esfuerzos del gobierno nacional por imponer el idioma
español, el catalán, que es una lengua distinta, todavía domina en las calles de Barcelona. Los conocidos pintores Picasso, Miró, Gris y Dalí se considera-
10 ban catalanes antes que españoles.

   Barcelona se enorgullece de su modernidad, mientras que Sevilla pone énfasis en su pasado romántico
y Madrid en sus tradiciones reales e imperiales. Son
tres ciudades que muestran claramente la diversidad
15 de la España de hoy.

   Con la importancia de la ciudad, tanto en la península ibérica como en las culturas indígenas, era
natural que durante la colonización se pusiera mucho
énfasis en los centros urbanos del Nuevo Mundo.
20 México y Lima eran las ciudades principales de las
colonias, pero Buenos Aires no tardó en hacerse de
suma importancia comercial. La Habana, Caracas,

a pesar de   in spite of

*se enorgullece de   takes
   pride in*

suma   extreme

Bogotá y Santiago de Chile asumieron su verdadera importancia en el siglo XIX pero México, Lima y Buenos Aires contienen el pasado colonial.

Como se ha visto, México fue construida sobre la ciudad imperial azteca de Tenochtitlán. En un acto simbólico los españoles construyeron su capital encima de la de los aztecas, esperando reemplazar a éstos como pueblo dominador de Anáhuac. El templo de forma circular que se descubrió al excavar la ruta del tren subterráneo, en la década del sesenta, se encuentra conservado en medio de una parada del metro—lo nuevo y lo antiguo de la ciudad de México.

Por ser el centro original de la colonia de la Nueva España, México siempre ha sido la principal ciudad del país. Demuestran esta permanencia los edificios identificados con cada época de su historia: hay una serie de casas de hidalgos coloniales en la calle Pino Suárez que conduce a la Plaza Mayor, llamada también el Zócalo, donde se encuentra la catedral principal. Al norte se encuentra La Plaza de las Tres Culturas—Tlatelolco—que incluye una plaza azteca, una iglesia católica y muchos edificios modernos de viviendas públicas.

Yendo hacia el oeste desde el Zócalo se ve la parte más moderna de la ciudad, casas del siglo XIX y construcciones modernas. Uno de los edificios más altos es la Torre Latinoamericana. Lo notable no es su altura—tiene apenas 43 pisos—sino el hecho de que contiene un sistema hidráulico que mantiene la presión del agua en que flota el edificio, para que no se hunda.[7] Con este fondo de lodo mojado el edificio también sobrevivió los temblores de 1957.

Más al oeste se encuentra un recuerdo de la época del Emperador Maximiliano,[8] el Paseo de la Reforma, una calle ancha con grandes árboles al estilo europeo.

---

encima   *on top of*

excavar   *to excavate*
tren subterráneo   *(m) subway*
del sesenta   *of the sixties*
parada   *stop*
metro   *subway*

viviendas   *housing*
yendo   *going*

altura   *height*
apenas   *only*

presión   *pressure*
se hunda   *sink*
lodo   *mud*
mojado   *wet*
temblores   *(m) earthquakes*

---

[7] para que no se hunda.   *The water-filled subsoil of Mexico City has allowed many buildings to sink—up to fifteen feet in some cases.*

[8] el Emperador Maximiliano   *Maximilian of Austria was emperor of Mexico for a short time in the 1860s as a result of a French move to acquire a colony with the help of some misguided Mexican conservatives who were disenchanted with the liberalism of the government. Maximilian naively thought the people supported him until he died in front of a firing squad. His beautiful wife, Carlota, who had urged him to assume the position, went insane. The story is one of the great romantic tragedies of world history.*

El paseo conduce al Parque de Chapultepec, donde muchos mexicanos van a pasear los domingos. En este parque está el magnífico Museo Nacional de Antropología, construido en el siglo XX para honrar 5 y recordar el pasado indígena.

Al sur de la ciudad se encuentra la Ciudad Universitaria, un conjunto de edificios modernos que abarca tres millas cuadradas. Dedicada en 1952, ostenta pinturas murales dentro de la famosa tradi- **ostenta** *it boasts* 10 ción de Rivera, Orozco y Siqueiros, lo cual crea una vista impresionante para los casi 200.000[9] estudiantes y sus 26.000 profesores y representa la visión hacia el futuro de esta ciudad antigua.

La capital del Perú moderno, Lima, también mues- 15 tra el pasado lejano pero con una importante diferencia: los incas establecían sus centros urbanos en las montañas y los españoles preferían la costa. Por eso en 1535 abandonaron Cuzco, en los Andes, que había sido la primera capital. Lima, entonces, no fue cons- 20 truida sobre las ruinas de una ciudad indígena. Lima fue llamada la Ciudad de los Reyes por el conquistador Pizarro. Su nombre actual deriva de *Rimac*, nombre quechua del río cercano. **quechua** *language of the Incas* **cercano** *nearby*

Lo que distingue a Lima hoy es su sabor colonial. 25 La Plaza de Armas, la más importante de la ciudad, está rodeada de antiguos edificios e iglesias, y la Plaza de la Inquisición[10] recuerda que Lima fue el centro de esa institución en la colonia. La iglesia de Santo Domingo, construida en 1549, contiene los 30 restos de Santa Rosa de Lima, la primera religiosa canonizada del Nuevo Mundo. Esta mujer, Isabel de Flores y de Oliva, pasó la vida ayudando a los pobres y es considerada la creadora del servicio social en el **creadora** *creator* Perú.

35 La capital de la República Argentina, Buenos Aires, fue fundada en 1536 con el nombre de Puerto de Nuestra Señora de los Buenos Aires—la santa

---

[9] 200.000 estudiantes *In Spanish, the functions of the period and comma in cardinal numbers are the reverse of English: e.g., $100.000,00 in Spanish is $100,000.00 in English.*

[10] Inquisición *The Holy Inquisition was a major instrument of the Catholic Church in the Counter-Reformation. Its function was to seek out heretics, and it was frequently marked by violence.*

patrona de los marineros sevillanos—y fue destruida
poco después por los indios. Aunque fue fundada
por segunda vez, la ciudad no tuvo gran importancia
hasta el siglo XVIII, porque España no permitió que
5 los productos salieran sino por Lima hasta fines de
ese siglo. Cuando el puerto de Buenos Aires fue
abierto al comercio, su posición geográfica le aseguró
un crecimiento continuo. Además la ciudad fomentó
la inmigración de europeos, que continuó durante un
10 siglo y medio y que dio a Buenos Aires el carácter
único de ser la ciudad más europea de América.
Ingleses, alemanes, italianos, franceses y otros europeos vinieron en grandes números y se establecieron

marineros   *sailors*

sino por   *except through*

crecimiento   *growth*

en diferentes barrios donde mantienen hasta hoy
muchas costumbres étnicas y también su lengua na-
tiva. Las lenguas europeas, especialmente el italiano,
han influido mucho en el español que se habla en
5 Buenos Aires.

La ciudad actual es uno de los grandes centros
comerciales de todo el continente. Es muy indus-
trializada y tiene las dársenas más grandes de His-   dársenas   *docks, wharves*
panoamérica. Muchos de los edificios son relativa-
10 mente nuevos porque el crecimiento rápido en el
siglo XIX trajo la destrucción de los viejos a fin de   a fin de   *in order to*
ampliar las calles para el automóvil que comenzaba   ampliar   *to widen*
a llenar la ciudad. En 1913 se inauguró el servicio
de subterráneos, uno de los primeros del mundo. La
15 Avenida 9 de Julio con sus 480 pies de ancho es la   480 pies de ancho   *480-*
mayor del mundo. El Centro, o sea el centro fi-   *foot width*
nanciero, es donde están los bancos nacionales y   financiero *financial*
extranjeros, las casas de comercio y las oficinas más
importantes.
20 Buenos Aires es el ejemplo perfecto de la ciudad
que sintetiza la nación y la domina con su poder
económico y su energía perpetua.

II. EL ASPECTO FÍSICO DE LA CIUDAD HISPÁNICA

25 Hay ciertos aspectos físicos casi universales en la
típica ciudad hispánica. En primer lugar, las grandes
ciudades son más antiguas que las ciudades norteamericanas y retienen por lo tanto un sabor más antiguo. Aun las del Nuevo Mundo fueron fundadas en
30 el siglo XVI. Tienden a tener calles estrechas con los   estrechas   *narrow*
edificios muy juntos a la calle. Claro que existen
secciones nuevas con calles anchas construidas para
el automóvil, pero esto es más típico de las afueras   afueras   *outskirts*
que del centro de la ciudad. Por lo general, ha habido
35 menos tendencia a derribar los edificios antiguos que   derribar   *to tear down*
en los Estados Unidos: se reforman por dentro y por   se reforman *they are*
fuera mantienen su apariencia original.   *remodelled*
Otro aspecto notable de muchas ciudades hispá-

nicas es la falta de simetría de las calles: corren en todas direcciones sin preocuparse por los ángulos rectos, lo cual crea cruces de una complicación formidable donde se cruzan seis u ocho calles en un mismo

5 punto. Tanto en España como en América continúan el plan europeo de usar círculos para el tránsito de estos cruces. Los círculos frecuentemente contienen monumentos, fuentes, estatuas u otros elementos decorativos.

10 En general, las ciudades han crecido alrededor de una plaza central donde se encuentra la catedral, la casa de gobierno, los bancos, los negocios grandes y los mayores hoteles. Se han añadido otras plazas menores en un patrón al azar, que forman los centros

15 de los barrios residenciales de la ciudad.

Lo más típico es encontrar alrededor de las plazas menores una iglesia, varias tiendas pequeñas, un café al aire libre, el quiosco de diarios y revistas y otras necesidades de la vida de los vecinos. Cada habitante

20 de la ciudad vive a poca distancia de una de estas plazas y es allí donde hace sus compras diarias. La plaza del barrio es también un lugar de mucha actividad social—allí la gente se pasea, los ancianos jubilados se reúnen para charlar con sus amigos y es

25 el lugar preferido de los vendedores ambulantes. La plaza generalmente tiene árboles y bancos públicos y a veces un quiosco de música donde la banda local ofrece conciertos casi todas las noches.

La gente en su gran mayoría vive en grandes edi-

30 ficios de apartamentos—frecuentemente «condominios», lo que produce una concentración de población relativamente alta. De esta manera las ciudades no se desarrollan como las ciudades norteamericanas de igual población. Esta concentración resulta en ciertas

35 ventajas y ciertas desventajas. Las distancias son cortas, el transporte público es muy eficaz y muy usado y es menor la necesidad de un automóvil particular. En cambio el amontonamiento de gente en todas partes, el tráfico abrumador y el ruido ca-

40 llejero pueden ser desagradables. Sin embargo, los habitantes se acostumbran a los aspectos negativos y gozan de una vida activa e intensa.

ángulos rectos   *right angles*
cruces   *intersections*
cruzan   *cross*

estatuas   *statues*

alrededor de   *around*

patrón al azar   *random pattern*

café al aire libre   *sidewalk cafe*
quiosco...revistas   *newsstand*

jubilados   *retired*

vendedores ambulantes   *street vendors*

quiosco de música   *bandstand*

amontonamiento   *crowding*
abrumador   *overwhelming*
ruido callejero   *street noise*

III. LA VIDA URBANA

La vida diaria del habitante de una ciudad hispánica se concentra en el barrio. Es aquí donde es conocido y donde conoce a sus vecinos. Cuando hace buen tiempo tiene una fuerte tendencia a salir a la
5 calle en busca de contacto humano.

Prefiere hacer sus compras en las pequeñas tiendas especializadas del barrio. Estas tiendas son comúnmente **negocios** familiares que pertenecen a una familia local. Ir de compras, que generalmente se hace
10 a pie, se convierte en una ocasión social. A la persona hispánica—gregaria por naturaleza—no le atrae mucho la anonimidad de los grandes supermercados ni los grandes **almacenes**, aunque sí existen éstos en todas las ciudades. Los dueños de las panaderías,
15 carnicerías, pescaderías, fruterías, lecherías, **papelerías**, tabaquerías, **ferreterías**, farmacias, etc. consideran parte de su servicio el conocer los gustos de sus clientes regulares y también a las familias de éstos. Es muy importante charlar un rato con la
20 persona que ha llegado a comprar algo, especialmente si ha ocurrido un cambio en el gobierno o la política del momento.

Generalmente, las personas que tienen que trabajar fuera del barrio vuelven a casa a almorzar. Puesto que
25 es todavía común en varios países observar la siesta del mediodía, todo se cierra por unas tres horas después de las 12:00. Los niños vuelven de la escuela y es en este período que las familias tienen su comida principal del día. Algunos aprovechan esta oportuni-
30 dad para pasar un rato en el café charlando con los amigos o para pasearse por la plaza en los días de sol. A las 3:00 o 4:00 de la tarde los niños vuelven a la escuela y los padres al trabajo para completar la **jornada**—hasta las 7:00 u 8:00 de la noche. Con esta
35 división del día no sorprende que la cena, generalmente una comida ligera, no se coma hasta las 9:00 o 10:00 de la noche.

Lo más importante de este estilo de vida es el sentido de comunidad que mantiene frente a la gran

negocios   *stores*

almacenes   *department stores*

papelerías   *stationery stores*
ferreterías   *hardware store*

jornada   *day's work*

masa impersonal de las grandes ciudades modernas. En las calles del barrio, o en la plaza, o reunida con los amigos en el café de la esquina, la persona no sufre la crisis de identidad. Aun cuando hace las
5 tareas diarias—ir de compras, ir al trabajo, etc.—se siente rodeada de vecinos que saben que uno existe y que se preocupan por su bienestar.

> bienestar *welfare*

Los grandes edificios con sólo una puerta y largas paredes de ladrillo no son frecuentes en las ciudades
10 hispánicas como en las ciudades norteamericanas. La presencia de tiendas pequeñas en los pisos bajos parece mantener el sentido de una escala humana e invitan al caminante en vez de intimidarlo. La presencia de cafés al aire libre, aun en las calles más
15 congestionadas y los vendedores, siempre listos con su opinión sobre los acontecimientos del día, también favorecen el contacto personal. Y, claro, el hecho de que la gente hispánica vive en la calle por preferencia —de compras, en el café, paseándose—ayuda mucho
20 al habitante de la ciudad hispánica a resistir la soledad tan endémica en la gran ciudad moderna.

> paredes de ladrillo *brick walls*
>
> pisos bajos *ground floors*
>
> caminante *pedestrian*
>
> paseándose *strolling around*

IV. EL SIGNIFICADO DE LA CIUDAD EN EL MUNDO HISPÁNICO

Como se ha visto, existen grandes ciudades his-
25 pánicas, cada una con personalidad distinta. Su importancia se basa en consideraciones económicas y políticas y es claro que cada ciudad funciona como imán para los habitantes del país. Las estadísticas indican que actualmente la tasa de crecimiento de
30 las ciudades llega al doble de la población total. Fuera de los problemas obvios, como la incapacidad de los centros urbanos de asimilar a tantas personas, y el desempleo, la pobreza y el descontento social resultantes, existen otros factores negativos. El
35 éxodo de gente del campo es cada vez más grave: España, antes predominantemente rural, sólo cuenta hoy con una fuerza agrícola del treinta y tres por ciento de los trabajadores. Esta gran migración tam-

> imán *(m) magnet*
> estadísticas *statistics*
> tasa *rate*
>
> asimilar *to assimilate*
>
> resultantes *resulting*

bién efectúa cambios profundos en algunas de las antiguas instituciones de la cultura: la familia, la iglesia y la moral tradicional pierden algo de su importancia cuando las personas cortan sus raíces rurales para mudarse a los centros urbanos.

Si estos problemas son graves ahora, el futuro promete algo espantoso. Se anticipa que el porcentaje de población urbana en Latinoamérica subirá del cuarenta y nueve por ciento actual al ochenta por ciento en el año 2000. En números absolutos irá de 102.000.000 de habitantes urbanos en 1960 hasta 608.000.000 en el año 2000. En ese caso, las ciudades como Buenos Aires y México contarían con cerca de 30.000.000 de habitantes; ¡tres veces más que la población actual de Nueva York! El dilema es obvio. Si el gobierno mejora las condiciones de los servicios sociales, viviendas, trabajos, etc., atraerá a más gente. Además quedaría sólo un 20% de la población del continente para producir los comestibles necesarios para el otro 80%, lo que sería difícil aun con los métodos más mecanizados de agricultura.

A pesar de estos problemas abrumadores, las ciudades continúan teniendo sus atractivos: la esperanza de trabajo, la disponibilidad de inventos nuevos para aliviar las tareas de la vida, la proximidad a los centros de poder, las diversiones tanto culturales como recreacionales.

En el siglo XIX un argentino, Domingo Faustino Sarmiento,[11] formuló una interpretación de la sociedad hispanoamericana a través del conflicto entre «la civilización y la barbarie». Con la «civilización» Sarmiento identifica a la ciudad de Buenos Aires y con la «barbarie» a la pampa argentina. Este concepto sirvió como base del pensamiento hispanoamericano durante todo un siglo. La actitud hispánica hacia la ciudad como centro de la civilización toda-

cortan   *cut*
mudarse   *to move*
promete   *promises*
espantoso   *horrible*

disponibilidad
   availability
aliviar   *to relieve*

barbarie   *(f) barbarism*

[11] Domingo Faustino Sarmiento (1811–1888) *Sarmiento was one of Spanish America's greatest essayists. He felt that the future of Argentina lay in allowing the cities, with their higher level of culture and civilization, to dominate the provincial areas. His long essay (of 1845) on a brutal gaucho named Juan Facundo Quiroga showed how the rural element was backward and primitive. Juan Manuel de Rosas was the dictator, from the provinces, who exemplified the harm done when the gaucho achieved political dominance.*

vía existe como valor básico de la vida y como lo dijo
hace más de un siglo Sarmiento: «...veremos...la cam-   campaña   *countryside*
paña sobre las ciudades, y dominadas éstas en su
espíritu, gobierno, civilización, formarse al fin el go-
5 bierno central unitario, despótico, del estanciero Juan   estanciero   *rancher*
Manuel de Rosas, que clava en la culta Buenos Aires   clava   *buries*
el cuchillo del gaucho y destruye la obra de los siglos,   cuchillo   *knife*
la civilización, las leyes y la libertad».

Práctica

I. Preguntas sobre el texto

1. ¿Cómo nacieron las ciudades antiguas?   2. ¿Cuál fue el centro de
los árabes en España?   3. ¿Cuál de las tres ciudades españolas descri-
tas es la más romántica?   4. ¿Qué lenguas se hablan en Barcelona?
5. ¿Por qué se construyó la ciudad de México sobre Tenochtitlán?
6. ¿Cómo se llama el parque central de México?   7. ¿Por qué hay
cruces complicados en las ciudades hispánicas?   8. ¿Qué cosas se
encuentran típicamente en la plaza central?   9. ¿Por qué prefieren
los habitantes hispánicos las tiendas pequeñas?   10. ¿Cómo se resiste
la soledad en las ciudades hispánicas?

II. Preguntas personales

1. ¿Ha visitado usted una ciudad hispánica? ¿Cuál(es)?   2. ¿Piensa
viajar en el mundo hispánico? ¿A dónde quisiera ir?   3. ¿Ofrece mejor
vida en su opinión la ciudad o el campo? ¿Cuáles son algunas ventajas
y desventajas de cada uno?   4. ¿Usted piensa vivir en una ciudad
cuando termine los estudios? ¿Por qué?   5. ¿Preferiría vivir en una
casa separada o en un apartamento?   6. ¿Dónde vivía cuando era
niño(a)? ¿Le gustaba?   7. ¿Cree que es mejor para los niños la vida
urbana o la vida rural? ¿Por qué?   8. ¿Hay ventajas en tener las tiendas
y las casas en el mismo barrio o es preferible separarlas en zonas residenciales y centros comerciales? ¿Por qué?

III. Puntos de contraste cultural

1. La tradición anglosajona es de comunidades pequeñas y rurales. La mediterránea es bastante distinta. Hoy día, ¿cuáles son las diferencias entre
una y otra tradición?

2. ¿Cree usted que lo más valioso de una sociedad está en los centros urbanos o en el campo? ¿Existe una actitud antiurbana en los Estados Unidos?

3. ¿Qué diferencias existen entre los problemas de urbanización en Hispanoamérica y en los Estados Unidos?

4. ¿Qué diferencias hay entre la orientación de la vida urbana en las dos regiones?

IV. Ejercicios de vocabulario

A. Completar con la forma correcta de la palabra entre paréntesis.

1. (urbano)
   a. El proceso de _____ es constante.
   b. Los centros _____ atraen a la gente.
   c. La población del mundo se _____ cada vez más.

2. (unir)
   a. La ciudad _____ la oportunidad y la dificultad.
   b. La gente de la ciudad está más _____ .
   c. Los Estados _____ es un país norteamericano.

3. (centro)
   a. En las ciudades hispánicas siempre hay una plaza _____ .
   b. La actitud etno- _____ es común.
   c. La ciudad es el _____ de los servicios.

4. (imperio)
   a. La política _____ siempre existe.
   b. La capital de la España _____ fue Madrid.
   c. El _____ hace difícil las relaciones entre países.

5. (descubrir)
   a. Colón fue el _____ del Nuevo Mundo.
   b. Sus _____ sorprendieron a los europeos.
   c. Las islas del Caribe fueron _____ en 1492.

B. Formar el superlativo según el modelo.

MODELO: conocido   *conocidísimo*

1. importante   _____
2. grande   _____
3. mucho   _____
4. alto   _____
5. cerca (qu)   _____
6. poco (qu)   _____
7. largo (gu)   _____
8. corto   _____
9. pequeño   _____
10. variado   _____

C. Indicar los sinónimos.

1. anciano	a. oeste
2. comienzo	b. indicar
3. comercio	c. principio
4. caminante	d. opuesto
5. monarca	e. negocios
6. nativo	f. antiguo
7. sacerdote	g. indígena
8. contrario	h. peatón
9. señalar	i. cura
10. occidente	j. rey

V. Ejercicios de composición

A. Escribir un párrafo sobre:

1. Las primeras ciudades mediterráneas.
2. Madrid.
3. La ciudad de México.
4. El aspecto físico de las ciudades hispánicas.
5. El barrio como elemento de la ciudad hispánica.

B. Dar su opinión personal sobre:

1. La calidad de la vida urbana comparada con la de la vida rural.
2. La soledad en la ciudad moderna.
3. Las ventajas de la ciudad.
4. Las ventajas de la vida campestre.
5. La violencia en la ciudad.

VI. Para usar la imaginación

Imagine que usted es un gran arquitecto que ha recibido una comisión de planear una ciudad nueva para 100.000 habitantes. ¿Cómo sería su ciudad? ¿Cómo viviría la gente? ¿En casas? ¿apartamentos? ¿condominios? Para usted, ¿qué aspectos serían más importantes en el plan? ¿Las diversiones? ¿los centros comerciales? ¿el transporte? ¿las viviendas?

11

Los Estados Unidos
y lo hispánico

Vocabulario útil

Estudiar estas palabras antes de leer el ensayo.

acuerdo   accord, agreement;
 ponerse de acuerdo   to reach an
 agreement
aliado, -a   allied, ally
amenazar   to threaten;
 amenaza   threat
amistad   friendship
caracterizar   to characterize
ciudadano, -a   citizen
compartir   to share
conseguir   to acquire, get
enemistad   enmity
enfrentarse (a)   to confront, face
firmar   to sign

hacia   toward
imponer   to impose, force on
lograr   to manage, achieve, get
mutuo, -a   mutual
peligro   danger
pérdida   loss
político, -a   political, politician;
 la política   policy, politics
proclamar   to proclaim, announce
quejarse   to complain
reconocer   to recognize
rechazar   to reject, refuse
tratado   treaty

Al examinar la historia de las relaciones entre los
Estados Unidos y los países hispánicos lo que más
sorprende es la larga tradición de desconfianza y de   desconfianza   *distrust*
sospechas mutuas que la han caracterizado. Tal vez   sospechas   *suspicions*
5 sea por las vastas desigualdades económicas, o por
las profundas diferencias culturales y religiosas, pero
lo cierto es que no se encuentran muchas ocasiones
que revelen verdadera amistad o alianza política.
En el caso de España sería posible atribuir esto a la
10 falta de intereses comunes y al hecho de que la mayor
parte del territorio de los Estados Unidos perteneció
en una época al imperio español. Después de todo,
España era un país colonizador que se identificaba
con Europa, pero ése no era el caso de los países his-
15 panoamericanos. Todos comparten varias tradiciones:
el pasado colonial, las guerras de independencia, la
proximidad geográfica y el americanismo que ésta
produce, un liberalismo fundamental nacido en el
siglo XVIII. Sin embargo, lejos de verificar la teoría
20 de Herbert Bolton[1] sobre «el destino común de las

---

[1] Herbert Bolton   *One of the best-known historians of the Southwestern United States.*

naciones americanas», la realidad ha sido otra. El análisis de la historia de las relaciones interamericanas resulta relativamente pesimista.

I. LOS ESTADOS UNIDOS, ESPAÑA Y LA
5 # INDEPENDENCIA AMERICANA

Los primeros contactos importantes entre los Estados Unidos y España ocurrieron en el siglo XVIII. Debido a una larga historia de conflictos entre España e Inglaterra, los españoles apoyaban el movimiento de
10 independencia en las colonias inglesas. Esta posición se basaba más en el deseo de ver la pérdida de las colonias que en los principios filosóficos. El imperio español compartía una larga frontera con las colonias inglesas y francesas (aproximadamente a lo largo del
15 río Misisipí). Sin duda, España pensaba que sería más fácil defender esta frontera contra la nueva nación pequeña—los Estados Unidos—que contra Inglaterra.

Sea cual fuere el motivo, la realidad es que los
20 españoles, aliados con los franceses, comenzaron a incomodar a los ingleses en Europa, especialmente en Gibraltar, la colonia inglesa estratégicamente situada en la península para controlar la entrada al mar Mediterráneo. El ataque español comprometió
25 a la marina inglesa en Europa en el momento más grave de la guerra en América. No se sabe si esto cambió el resultado de la lucha pero indudablemente acortó la guerra y facilitó la victoria de las trece colonias.
30 Poco después comenzó el largo proceso de pérdidas coloniales para España, que siguió hasta 1898, cuando se enfrentó a los Estados Unidos. España cedió el territorio del río Misisipí (conocido como Luisiana) a Francia, y poco después, se vio obligada a vender
35 la región que ahora es el estado de Florida. Además, inspirados por el ejemplo norteamericano, los criollos hispanoamericanos también lograron separarse de la madre patria. Ya para 1830 el imperio español se

apoyaban   *supported*

a lo largo   *along*

sea cual fuere   *whatever might have been*

incomodar   *to harass*

comprometió   *committed, engaged*
marina   *navy*

acortó   *(it) shortened*

había reducido a las islas del Caribe, las Filipinas y
algunas colonias pequeñas en la costa de África. Los
Estados Unidos fueron uno de los primeros países en
reconocer la legalidad de las nuevas naciones, con
5 expresiones de simpatía ideológica y moral. Declararon su apoyo en la famosa Doctrina Monroe (1823)
que proclamaba la soberanía del hemisferio sobre su
propio destino y decía además que los Estados Unidos no mirarían con indiferencia cualquier tentativa
10 de imponer un sistema europeo en el continente.[2]

Después de esta época, el problema básico en las
relaciones entre España y los Estados Unidos hasta
1898 fue el caso de la isla de Cuba. Aunque Cuba
fue parte del imperio, siempre existieron sentimientos
15 de independencia. Los Estados Unidos, al mismo
tiempo, valoraban la isla y no hay duda de que
querían anexarla a la unión norteamericana. Había
más posibilidades que esto ocurriera si Cuba era independiente y no una colonia española. En 1848, los
20 Estados Unidos se ofrecieron a comprar el territorio
alegando como motivo el peligro de que cayera en
manos de otro poder europeo. El Presidente Buchanan
ofreció $50.000.000, pero en 1854 se llegó a ofrecer
$120.000.000 por la isla. En ese mismo año el go-
25 bierno norteamericano tomó una posición algo agre-
siva basada en el peligro que podría representar Cuba
para los Estados Unidos: si la isla cayera en manos de
otro poder o si siguiera importando esclavos africanos
—los que ya eran un problema en los Estados Uni-
30 dos—los Estados Unidos tendrían el derecho de to-
marla por la fuerza. Esta política, que siguió en efecto
hasta fines del siglo, sirvió de base a la invasión de
1898.

En 1895 los Estados Unidos comenzaron a sentirse
35 suficientemente fuertes como para apoyar la rebelión
iniciada años antes por los patriotas cubanos bajo la
inspiración de José Martí. Ya para 1898 el sentimiento
a favor de la guerra era tal entre el pueblo norteamericano que habría sido difícil evitarla. Cuando el

simpatía   *congeniality*

soberanía   *sovereignty,
rule*

valoraban   *valued*

alegando   *claiming*

suficientemente fuertes
   strong enough

---

[2] Doctrina Monroe   *So called because it was expressed by President James Monroe in a message
to Congress in 1823.*

acorazado *Maine* explotó en el puerto de La Habana, la causa, desconocida hasta ahora, fue atribuida a una mina explosiva colocada por los españoles. En abril de 1898, el Presidente McKinley pidió al Con-
5 greso permiso para entrar en la guerra entre Cuba y España.[3] Alegó como justificación cuatro razones: 1) el deseo humanitario de poner fin a la matanza, 2) la necesidad de proteger a los ciudadanos norteameri- canos residentes en Cuba, 3) la protección del co-
10 mercio entre Cuba y los Estados Unidos, 4) la amenaza que significaba la guerra para los estados situados a poca distancia de la isla. Es interesante comparar estas razones con las ofrecidas en el caso más reciente de Granada. La guerra duró menos de
15 un año, durante el cual la marina norteamericana tomó Cuba, Puerto Rico y las Filipinas. El tratado de paz firmado en París en diciembre de 1898 cedió las Filipinas, Puerto Rico y la isla de Guam a los Estados Unidos y dejó a Cuba bajo el control de una
20 fuerza norteamericana de ocupación. La guerra marcó el fin del imperio colonial de España en América. A causa de ella, surgió en la península un movimiento cultural llamado la Generación del 98, que buscaba la causa de la decadencia de España y la manera de
25 volver a la grandeza anterior.

En la actualidad, las relaciones entre España y los Estados Unidos se basan en la cuestión de las bases aéreas que éstos mantienen en la península y a la entrada reciente de España en la OTAN.[4]

acorazado *battleship*

matanza *slaughter*

surgió *there arose*

bases aéreas *air bases*

30 # II. LOS ESTADOS UNIDOS Y LAS NUEVAS NACIONES AMERICANAS

Además del reconocimiento diplomático de Cuba, los Estados Unidos se ocuparon durante el siglo XIX

[3] guerra entre Cuba y España *Called the Spanish–American War in U.S. history. It began as a struggle by Cuba for independence. José Martí was one of the inspirational leaders of the movement. The Hearst newspapers were in a circulation war with the Pulitzer papers, and both sent reporters to Cuba to file sensational stories which had the effect of inflaming public opinion in the U.S. The Maine incident was the final factor.*
[4] OTAN Organización del Tratado del Atlántico del Norte—*the North Atlantic Treaty Organization or NATO in English.*

de las fronteras con Texas y California, que todavía
restringían la expansión norteamericana, por pertenecer a México. La Doctrina Monroe fue ampliada
para incluir no sólo una prohibición de la coloniza-
5 ción sino también de cualquier intervención diplo-
mática. Esto se hizo porque el Presidente Polk temía
que los europeos se mezclaran en el problema de
Texas, pero fue el principio de una política dominadora de los Estados Unidos hacia México. Los Estados
10 Unidos ayudaron a los texanos y también a los ciudadanos de California que buscaban la independencia
de México. Al lograr la independencia, Texas pidió
incorporarse a los Estados Unidos. La petición fue
aceptada y México—aunque no se hallaba en condi-
15 ciones de sostener esta lucha—inmediatamente declaró la guerra contra los Estados Unidos. Por el
tratado de Guadalupe Hidalgo (1848),[5] que puso fin
a la guerra, los mexicanos se vieron obligados a
aceptar la pérdida de casi la mitad de su territorio
20 nacional, incluidos Texas, California, Nuevo México,
gran parte del estado de Arizona y toda la región al
norte de estos estados. Cinco años más tarde, por el
Tratado de Gadsden, los Estados Unidos compraron
otra faja de tierra en el sur del estado de Arizona
25 porque ofrecía una ruta hacia el Océano Pacífico,
algo que el gobierno consideraba necesario para el
desarrollo de California. Como consecuencia, el gobierno mexicano quedó en pésimas condiciones, lo
que preparó la situación para la primera verdadera
30 prueba de la Doctrina Monroe.

Debido al costo de la guerra contra los Estados
Unidos, el gobierno mexicano bajo Benito Juárez se
vio obligado a suspender el pago de los préstamos
que le habían hecho varios gobiernos europeos. Ingla-
35 terra, Francia y España se pusieron de acuerdo sobre
la necesidad de intervenir con una fuerza militar para

restringían   *restricted*

se mezclaran   *would
meddle*

faja   *strip*

en pésimas condiciones
   in a terrible situation

prueba   *test*

se...a   *had to*
préstamos   *loans*

---

[5] Tratado de Guadalupe Hidalgo   *This treaty, signed in 1848, ended the war between the U.S.
and Mexico. Most of what is now the western U.S. was ceded by Mexico. The Treaty of Paris
ended the Spanish–American War in 1898. Puerto Rico became a colony of the U.S. and its
citizens were granted most of the rights and privileges of U.S. citizenship, including unrestricted
immigration to the mainland.*

proteger sus intereses.[6] En realidad, veían la posibilidad de establecer una colonia en América. El más interesado era Napoleón III, que tramó el plan y mandó a Maximiliano a México. A pesar de que la

5 Doctrina Monroe prohibía tal invasión, los Estados Unidos, que en ese momento se hallaban en medio de la Guerra Civil, no pudieron evitarla y los mexicanos tuvieron que defenderse solos sin la ayuda de los Estados Unidos.

10   Durante la segunda mitad del siglo XIX, los Estados Unidos siguieron una política de expansión. Una tentativa de conseguir más territorio de México fracasó cuando el Congreso rechazó el tratado. El gobierno de la República Dominicana pidió ser in-

15 corporado al territorio de los Estados Unidos y éstos pasaron unos años tratando de conseguir la isla.[7] El Presidente Grant justificó este paso en términos comerciales y humanitarios: quería detener la importación de esclavos africanos en el Caribe. Pero la única

20 empresa que tuvo éxito fue la compra de Alaska de los rusos.

    Otra cuestión que interesaba a los Estados Unidos en esta época era la posibilidad de construir un canal en Centroamérica. El mejor lugar para el canal era

25 el istmo de Panamá, que formaba parte de Nueva Granada, ahora Colombia. El tratado con Nueva Granada en 1846 y el Tratado Clayton-Bulwer con Inglaterra en 1850 tenían como propósito asegurar los derechos de los Estados Unidos sobre cualquier

30 canal o ferrocarril que fuera construido en la región. El tratado con Inglaterra también buscaba imponer límites al establecimiento de colonias inglesas en la región y comprometía a los Estados Unidos a garantizar la neutralidad de un futuro canal. Proclamó,

tramó   *conceived*

rechazó   *rejected*

paso   *step*
detener   *to stop*

empresa   *undertaking venture*
rusos   *Russians*

istmo   *isthmus*

propósito   *purpose, intent*

comprometía   *committed*

---

[6] para proteger sus intereses *Default on debt payments was mainly an excuse. Napoleon III sent Maximilian, Archduke of Austria, to take over and become Emperor of Mexico. A large group of Mexican conservatives supported this ill-fated move.*

[7] la isla *The island of Santo Domingo had been divided into Haiti and the Dominican Republic. Haiti, a former French colony, constituted a base for French colonial incursions. Because of that and the Dominican Republic's strategic value, interests in the U.S. were continually trying to take it. Also, the island was a slave port and after the Civil War the U.S. was strongly anti-slavery.*

además, que cualquier canal del futuro no sería propiedad de los Estados Unidos.

Así era la situación a fines del siglo XIX. Hasta ese momento las relaciones entre todos los países ame-
5 ricanos habían demostrado cierta unidad contra las continuas amenazas europeas. La Doctrina Monroe no parecía ser un documento imperialista, sino uno que afirmaba la independencia de todas las naciones americanas. La última década del siglo, sin embargo,
10 abrió una nueva época en las relaciones interamericanas, caracterizada por declaraciones de unidad cada vez más fuertes y por actos cada vez más agresivos de parte de los Estados Unidos.

cada...fuertes   *stronger and stronger*

III. EL PANAMERICANISMO Y «EL COLOSO
15 DEL NORTE»

En 1889, a petición de los Estados Unidos, tuvo lugar la primera reunión panamericana en Washington. Hubo otras en 1902 en México, 1906 en Río de Janeiro y en 1910 en Buenos Aires. Aunque el go-
20 bierno norteamericano siempre apoyó estas reuniones, sus acciones no contribuyeron a una idea de amistad y alianza. Primero, los Estados Unidos participaron en la guerra contra España, que resultó en la adquisición de Puerto Rico por parte de los norteamericanos
25 y la ocupación de Cuba por un tiempo no determinado. Esto, junto con el hecho de que los Estados Unidos no daban indicios de terminar la ocupación, aumentó la desconfianza de los estados hispanoamericanos.

no...de   *gave no indication of*

30 Otro aspecto de la política norteamericana hacia Cuba fue la declaración en 1901 de ciertas prohibiciones contra el gobierno cubano:[8] 1) éste no permitiría fuerzas de otras naciones en la isla, 2) no contraería deudas excesivas, 3) daría a los Estados

éste   *the latter (the Cuban government)*
no contraería   *would not contract, acquire*

[8] prohibiciones contra el gobierno cubano   *This is known as the Platt Amendment (to the Military Appropriations Bill of 1904). It was symbolic of U.S. arrogance for many years in Latin America. It was mentioned in the Cuban Missile Crisis of 1962 since that case, too, involved threatened intervention. The 1979 U.S. protest against the presence of Soviet combat troops in Cuba was another invocation of this policy.*

Unidos el derecho de intervención para proteger la
«independencia» del país, 4) vendería a los Estados
Unidos la tierra necesaria para establecer una base
en la isla. En pocas palabras, el gobierno norteame-
5 ricano pensaba asumir el papel de «protector» del
nuevo gobierno cubano.

Debido a ciertas reclamaciones de parte de países   reclamaciones *(f) claims*
europeos sobre deudas del gobierno dominicano,
apareció la amenaza de otra invasión semejante a la   semejante *similar*
10 que había ocurrido antes en México. Esta vez los
Estados Unidos decidieron actuar primero, y en 1905
se apoderaron de la aduana de la isla para distribuir   se apoderaron de *they*
el dinero a los gobiernos europeos.   *took over*
                                                            aduana *customhouse*
                                                            recelos *suspicions*
Los recelos hispanoamericanos aumentaron como
15 resultado de una proclamación del Presidente Theo-
dore Roosevelt en 1904 en la que se extendía la
Doctrina Monroe para incluir el derecho norteamericano de intervenir en los asuntos de los otros países
en caso de una amenaza a su estabilidad y orden
20 internos. Esta idea, llamada el «corolario de Roosevelt
a la Doctrina Monroe» es clasificada por la mayoría
de los historiadores como la cumbre de la arrogancia   cumbre *height*
norteamericana en las relaciones interamericanas.
Roosevelt dijo que no había peligro de intervención
25 en los países que «se portaran bien» y que mostraran   se portaran bien
su capacidad de gobernarse «de una manera eficaz y   *behaved well*
decente». En casos de «errores crónicos» los Estados   eficaz *efficient*
                                                            crónicos *chronic, severe*
Unidos se verían obligados a actuar como «policía
internacional» para restaurar el orden y la civilización   restaurar *to restore*
30 en el país.

Haciendo uso de esta doctrina el Presidente Taft
mandó fuerzas militares a varios países centroamericanos que amenazaban sufrir algún problema interior.
Uno de los efectos negativos de esta política era que
35 tendía a favorecer a los dictadores en lugar de a los
partidos más democráticos.

Taft creó también la «diplomacia del dólar», una
tentativa de reemplazar las inversiones europeas en   reemplazar las
Hispanoamérica con dólares norteamericanos, lo que   inversiones *replace*
40 ayudaría a eliminar la amenaza europea a la soberanía   *investments*
de estos países. Si no pagaban las deudas, los únicos
que se quejarían serían los financieros norteameri-

canos, y el gobierno garantizaría las deudas. Los que
se oponían a esta táctica declaraban que los países
pequeños llegarían a ser casi propiedad de los Es-   llegarían a ser *would become*
tados Unidos. La intervención resulta mucho más
5 fácil cuando no hay necesidad de ponerse de acuerdo
con otros gobiernos acreedores.   acreedores *creditor*

Otra, y probablemente la más importante, de las
intervenciones de los Estados Unidos fue la construcción del canal de Panamá. Hacia fines del siglo
10 pasado el canal asumió gran importancia en la polí-   estadounidense *of the U.S.*
tica estadounidense a causa de la atracción comercial
del Lejano Oriente y de la necesidad militar de pro-   Lejano Oriente *Far East*
teger las dos costas de los Estados Unidos. Después
de conseguir de Inglaterra el derecho de construir y
15 dirigir el canal por su propia cuenta, los Estados   por...cuenta *on its own*
Unidos tuvieron que entrar en un acuerdo con Co-
lombia, por cuyo territorio iba a pasar el canal. Sin

embargo, cuando iba a concluirse el tratado con
Colombia el congreso de ese país rehusó aceptar los
términos, porque querían aclarar algunos artículos
relacionados con los derechos reservados a su propio
5 gobierno. Mientras se debatía el problema, estalló
una revolución en la región de Panamá, una provincia
de Colombia, para lograr la independencia. Los co-
lombianos pensaron que los Estados Unidos habían
fomentado la rebelión, ya que después de tres días,
10 Roosevelt reconoció a la nueva república de Panamá
y comenzaron las conversaciones sobre un tratado de
concesión por el cual los Estados Unidos conseguían
el derecho de construir el canal, de dirigirlo para
siempre y de incorporar la tierra por la cual pasaba
15 como territorio nacional. Esta situación prevaleció
hasta 1979 cuando un nuevo tratado comenzó el proceso de dar el control del canal a Panamá.

Esta serie de acciones no hizo más que aumentar
la desconfianza ya existente entre los diplomáticos
20 hispanoamericanos, a pesar de las bellas palabras pro-
nunciadas por los representantes de los Estados Unidos en los congresos interamericanos.

Durante la presidencia de Woodrow Wilson la
situación mejoró un poco. Wilson disminuyó el poder
25 de la Doctrina Monroe, rechazando el concepto impuesto por Roosevelt. Además sugirió el principio de
que ningún país debería permitir que fuerzas rebeldes
de otros países se prepararan en el territorio del país
vecino. Wilson también apoyó las fuerzas de la revo-
30 lución en México, basándose en su idealismo acerca
de las formas de gobierno. Hasta entonces, los Estados Unidos habían operado siempre sobre la base
de que el gobierno «de facto» sería el aceptado, sin
consideración de su derecho legal al poder. La de-
35 cisión de Wilson en el caso de Mexico fue más o
menos popular, pero las implicaciones para otros
casos inspiraban cierto recelo, de modo que esta política fue cambiada por el Presidente Hoover unos
años después.
40 Hubo otras intervenciones en la América Central
durante la segunda década del siglo y no fue hasta
1936, durante la presidencia de Franklin Roosevelt—

---

rehusó   *refused*

no...aumentar   *only increased*

permitir...prepararan   *allow rebel forces of other countries to be prepared*

«de facto»   *existing, de facto*

recelo   *fear, suspicion*

quien inició la política del «Buen Vecino»—que comenzó a haber cambios notables en las relaciones
entre los Estados Unidos e Hispanoamérica. Esta
política rechazó varias prácticas del pasado y condujo
5 a algunos tratados: entre ellos, la prohibición de la
intervención y de la guerra entre países del continente. Al estallar la guerra en Europa casi todos los
países de América se declararon aliados, por lo que
durante los años de la Segunda Guerra Mundial hubo
10 paz y amistad entre los Estados Unidos y los países
hispanoamericanos.

«Buen Vecino»   *"Good
Neighbor"*

condujo a   *led to*

al estallar   *upon the
outbreak of*

IV. LAS RELACIONES EN LA ÉPOCA DE LA POSGUERRA

Casi todas las relaciones norteamericanas después
15 de la guerra fueron influenciadas por la «Guerra
Fría» entre los Estados Unidos y la Unión Soviética.
Los aliados hispanoamericanos ocuparon un lugar
importante en este juego diplomático porque casi
todos tenían gobiernos conservadores, pero al mismo
20 tiempo veían el nacimiento de nuevos movimientos
izquierdistas. Por lo general, aunque estos movimientos mostraban una ideología de izquierda, sus lazos
con el movimiento comunista internacional eran débiles. Sus intereses tendían a ser nacionalistas, anti-
25 norteamericanos y anticapitalistas. Atraían frecuentemente la atención y a veces el apoyo de los partidos
comunistas, lo que les ganaba la enemistad del gobierno estadounidense.

En base a los acuerdos y tratados interamericanos,
30 los Estados Unidos comenzaron a formular tratados
de seguridad mutua. Los gobiernos conservadores
firmaban con gusto estos acuerdos porque contenían
garantías de estabilidad interna e iban acompañados
de ofertas de ayuda económica en forma de armas
35 modernas. Puesto que estos dictadores generalmente
mantenían su poder gracias a las fuerzas militares,
las armas representaban una ayuda efectiva contra
cualquier grupo rebelde. De nuevo, la política nortea-

izquierdistas   *leftist*

débiles   *weak*

atraían   *they attracted*

en base a   *based on*

con gusto   *with pleasure*
iban acompañados de
   were accompanied by
ofertas   *offers*

mericana aparecía como una política dominadora que exigía cierta conducta de los países vecinos a cambio de la ayuda económica y la amistad. Esta nueva actitud fue formalizada en el Tratado de Río de
5 Janeiro[9] de 1947. Se trataba en realidad de una alianza militar—la primera de este tipo para los Estados Unidos desde 1778 cuando el nuevo gobierno había aceptado la ayuda francesa.

a cambio de in exchange for

En 1948 los representantes de 21 repúblicas se
10 reunieron en Bogotá para el Noveno Congreso Internacional de Estados Americanos. En medio de tumultos y violencia[10] se formularon los principios de un nuevo cuerpo: la Organización de Estados Americanos, que primero se había llamado La Unión de
15 Repúblicas Americanas y luego El Sistema Interamericano. La nueva organización, además de reconocer el alto nivel de actividad nacida durante la guerra, creó un consejo permanente de defensa para coordinar la cooperación militar, es decir, la venta de
20 armas y el entrenamiento de oficiales. La Unión Panamericana fue designada como Secretariado de la organización y el órgano principal de las relaciones culturales.

tumultos riots

además de in addition to

consejo council

entrenamiento training

Después de la formación de la OEA las relaciones
25 interamericanas sufrieron un largo período de descuido de parte de los Estados Unidos, con excepción de aquellos casos de crisis. Todos los tratados prohibieron explícitamente la intervención abierta al estilo de Taft y Coolidge, pero, durante la década
30 de 1950 el celo anticomunista del gobierno norteamericano lo llevó a mezclarse en los asuntos internos de algunos países para que los comunistas no ganaran ninguna ventaja.

descuido neglect

celo zeal

El caso más notable fue el de Guatemala. El
35 Partido Comunista logró alguna influencia en el gobierno de Jacobo Árbenz Guzmán, un presidente re-

[9] Tratado de Río de Janeiro *Known as the Rio Pact. The full name: Inter-American Treaty of Reciprocal Assistance. It expressed adherence to the recently formed United Nations and declared the intention to settle disputes peacefully. It also declared that an armed attack against any American State constituted an attack against all.*
[10] tumultos y violencia *Known as the* Bogotazo; *rioting and burning broke out when a popular political leader was assassinated. The conference seemed to be part of the motive.*

formista con ideología de izquierda. La oposición, encabezada por el General Carlos Castillo Armas, estaba preparando una revolución en el vecino país de Honduras. Árbenz aceptó la ayuda ofrecida por la
5 Unión Soviética, y eso despertó el interés de los Estados Unidos. Éstos ofrecieron ayuda secreta a Castillo Armas, en forma de armas y de entrenamiento, que fue llevado a cabo por la Agencia Central de Inteligencia. Esto hizo posible el triunfo de la revolución
10 en 1955, a la que han seguido 30 años de inestabilidad y violencia. Aunque los Estados Unidos negaron sus acciones durante diez años, las admitieron después. Con un caso comprobado, los hispanoamericanos comenzaron a culpar a los Estados Unidos cada vez que
15 ocurría un incidente semejante. Los Estados Unidos siempre han negado su interés en estas situaciones, pero ocurrieron otros casos, como el de la Bahía de Cochinos en Cuba en 1961, donde la misma táctica fue empleada, aunque sin éxito.
20   Desde 1959 Cuba ha sido el caso más importante

encabezada   *headed*

llevado a cabo   *carried out*

negaron   *denied*

caso comprobado
proven occurrence
culpar   *to blame*

Bahía de Cochinos   *Bay of Pigs*

en las relaciones interamericanas. Una de las razones
es la misma de hace un siglo—lo proximidad geográfica de la isla a los Estados Unidos. La otra razón es
que Fidel Castro ha sabido ganar la simpatía de
5 Hispanoamérica explotando su papel de jefe de un
país pequeño y débil, que ha podido burlarse de   burlarse   *to mock*
los deseos del gobierno norteamericano.

El movimiento del «26 de julio» atrajo el interés
del gobierno norteamericano durante los años de
10 lucha porque a éste le parecía que era un movimiento
nacional con aspiraciones de justicia y reforma social.
Poco después de ocupar el gobierno, sin embargo,
Castro declaró su adhesión al marxismo y, más impor-   adhesión   *loyalty*
tante, al comunismo. Algunos vieron en esta declara-
15 ción una simple afirmación filosófica sin mucho significado práctico, pero el gobierno norteamericano
estableció una postura de oposición que caracterizó   postura   *position*
las relaciones posteriores entre los dos países durante
muchos años.

20 El Presidente John F. Kennedy formuló una nueva
política hacia Latinoamérica llamada «La Alianza
para el Progreso». El nuevo programa consistía en
un esfuerzo continental de cooperación, cuya base   esfuerzo   *effort*
era la oferta de ayuda económica en casos donde el
25 gobierno local demostrara algún esfuerzo propio, es
decir, donde se pudiera formar una alianza entre la
ayuda norteamericana y el capital nativo para un
programa de desarrollo. Este plan atrajo mucho interés entre los intelectuales americanos por su indis-
30 cutible idealismo. En la práctica, sin embargo, logró
muy poco. Los que se oponían al plan decían que los
Estados Unidos querían ejercer control sobre el desarrollo de la región y evitar así que se formaran más
gobiernos izquierdistas. De todos modos, no logró
35 cambiar la opinión de los hispanoamericanos, quienes
todavía ven en los Estados Unidos al «coloso del
norte».

En los últimos años ha crecido la atención al desarrollo de las grandes compañías multinacionales.
40 Algunos observadores han notado que éstas tienden
a crear su propia política; el caso de la ITT en Chile
es un ejemplo. Estas compañías, con sus presupuestos   presupuestos   *budgets*

de muchos miles de millones de dólares, son mayores que algunos gobiernos y constituyen nuevas instituciones en las relaciones interamericanas.

Después de la llegada al poder de los sandinistas
5 en Nicaragua en 1979, Centroamérica ha vuelto a ser la escena de nuevas preocupaciones del gobierno norteamericano. La región sirve como ejemplo perfecto del dilema que caracteriza las relaciones interamericanas. Si los Estados Unidos apoyan a un
10 gobierno moderado como en El Salvador, ese gobierno se ve atacado tanto desde la izquierda como de la derecha y al fin requiere el apoyo militar para defenderse. Si apoyan a un gobierno militar como en Guatemala ganan la enemistad continental. Rechazan
15 a los gobiernos de la izquierda como en Nicaragua. Parece una situación sin salida.

El caso de la guerra en 1982 entre la Argentina y Gran Bretaña sobre las Islas Malvinas[11] muestra otro aspecto de la complejidad de las relaciones inter-
20 americanas. De un lado un antiguo aliado de Europa y del otro una nación americana quieren el apoyo de los Estados Unidos. La Doctrina Monroe y el Tratado de Río no impidieron que el gobierno norteamericano apoyara a los ingleses. El hecho de que el gobierno
25 militar argentino estaba casi totalmente desacreditado en el continente añadió otro factor a la decisión.

Resumiendo, las relaciones entre los Estados Unidos y los países hispánicos han tenido una historia de conflictos y problemas. Es una lástima que no
30 hayan podido establecer entre ellas un tono de confianza y respeto mutuos. Es interesante notar que un latinoamericano o español y un norteamericano pueden llegar fácilmente a ser buenos amigos a pesar de sus diferencias culturales, religiosas o económicas.
35 Pero, cuando estas diferencias se elevan al nivel nacional se vuelven verdaderos obstáculos para la paz y comprensión que todo el mundo, en el fondo, desea.

ha vuelto a ser is again

se ve atacado finds itself under attack

rechazan they reject

sin salida without a way out

no impidieron didn't stop

desacreditado discredited

confianza trust

se elevan are raised

en el fondo basically

[11] Islas Malvinas *Called the Falkland Islands in English. Argentina has long claimed sovereignty over these islands but Great Britain has refused to give them up. In 1982 Argentina attempted to take them by force but was unsuccessful in the face of an all-out British defense.*

Práctica

I. Preguntas sobre el texto

1. ¿Cómo se pueden caracterizar las relaciones entre los Estados Unidos y el mundo hispánico? 2. ¿Cómo ayudó España a las trece colonias? 3. ¿Cómo quedó el imperio español después de 1898? 4. ¿Qué es la Doctrina Monroe? 5. ¿Cuándo se incorporaron Texas y California a los Estados Unidos? 6. ¿Por qué tenían los Estados Unidos tanto interés en Centroamérica? 7. ¿Qué significa la diplomacia del dólar? 8. ¿Cómo fueron las relaciones interamericanas durante la Segunda Guerra Mundial? 9. ¿Cuál es la misión de la OEA? ¿Es necesaria esta organización? 10. ¿Qué son las Islas Malvinas?

II. Preguntas personales

1. ¿Sigue usted las noticias internacionales? ¿Por qué? 2. ¿Dónde consigue su información sobre los acontecimientos? 3. ¿Cree que lo que recibe en ese campo es una visión equilibrada? 4. ¿Cree usted que las relaciones interamericanas son importantes? 5. ¿En su opinión, merecen más o menos atención del gobierno? 6. ¿Está usted de acuerdo con la política actual del gobierno norteamericano? 7. ¿Cuáles son los seis países centroamericanos? 8. ¿Cuáles son los nueve países hispánicos en la América del Sur? 9. ¿Cuáles son las otras tres naciones hispánicas del hemisferio? 10. ¿Sabe usted por qué no se incluyen el Brasil y Puerto Rico en la lista de naciones hispánicas?

III. Puntos de contraste cultural

1. ¿Cuáles son las causas de la enemistad entre los gobiernos hispanoamericanos y los Estados Unidos?
2. ¿Qué diferencias hay entre los motivos básicos de la política internacional de los Estados Unidos y los de un país hispánico?
3. ¿Cree usted que es posible tener unidad en el hemisferio occidental? ¿Por qué?

IV. Ejercicios de vocabulario

A. Completar.

1. El comunismo es una política _____ .
2. Cuba ha sido importante por su _____ geográfica.

3. La « _____ para el Progreso» fue muy popular entre los intelectuales norteamericanos.

4. Los Estados Unidos recibieron California por el _____ de Guadalupe Hidalgo.

5. La Doctrina Monroe fue una respuesta a las _____ europeas de volver a colonizar América.

B. Dar la forma apropiada de la palabra entre paréntesis.

1. (prohibir) El tratado contiene _____ contra la intervención.
2. (Estados Unidos) La política _____ se basaba en la «Guerra Fría».
3. (ideal) Ese programa es caracterizado por un tono _____ .
4. (ideología) El movimiento tiene semejanzas _____ con el comunismo.
5. (colonia) España fue un país _____ .

C. Completar según el ejemplo.

MODELO: colonia *colonial colonialista colonizar colonización*

1. nación _____ _____ _____ _____
2. forma _____ _____ _____ _____
3. género _____ _____ _____ _____
4. idea _____ _____ _____ _____

D. Dar la palabra relacionada.

MODELO: común *comunidad*

1. aliar _____
2. diferente _____
3. semejante _____
4. simpático _____
5. intervenir _____
6. diplomático _____
7. garantizar _____
8. violento _____
9. actual _____
10. desconfiar _____

V. Ejercicios de composición

A. Escribir un párrafo sobre:

1. Características generales de las relaciones interamericanas.
2. El papel de España en la independencia de los Estados Unidos.
3. La Doctrina Monroe.

  4. El panamericanismo.
  5. «La Alianza para el Progreso».

B. Dar su opinión personal sobre:

  1. La política actual estadounidense hacia los países hispanoamericanos.
  2. La idea de Thomas Jefferson de que todos los habitantes del hemisferio deben hablar inglés y español.
  3. Los conflictos internacionales y la amistad personal entre personas de distintas culturas.
  4. La política apropiada de los Estados Unidos hacia Cuba.
  5. La influencia de las grandes compañías multinacionales en las relaciones internacionales.

VI. Para usar la imaginación

Usted acaba de ser elegido(a) presidente de los Estados Unidos. En la campaña electoral usted prometió mejorar las relaciones interamericanas. Ahora tiene que cumplir con su promesa. ¿Qué va a hacer en ese campo?

La presencia hispánica en los Estados Unidos

Vocabulario útil

Estudiar estas palabras antes de leer el ensayo.

adaptarse   to adapt to
anglosajón, -ona   Anglo-Saxon
asimilar   to assimilate
centenares *m*   hundreds
disposición   disposition, readiness
dispuesto, -a   disposed to, ready
emigrar   to emigrate, move out of a
  country
estallar   to break out, erupt, explode
étnico, -a   ethnic
ferrocarril *m*   railroad
ganadero, -a   cattleman
ganado   cattle; **la cría de ganado**
  cattle raising

incorporar   to incorporate
inmigrar   to immigrate, move into a
  country
labrar   to carve (wood, stone, etc.)
mayoría   majority
migración   migration, movement
  from one area to another
minoría   minority
obrero, -a   worker
pacífico, -a   peaceful
poblado, -a   populated
suroeste *m*   southwest

Por varias razones históricas, la población actual de
los Estados Unidos contiene casi un siete por ciento
de personas de habla hispana. A diferencia de otros
grupos étnicos, la mayor parte de éstos nunca inmi-
5 graron a los Estados Unidos, y no son descendientes
de inmigrantes a este país. En el suroeste de los
Estados Unidos están las personas que fueron incorporadas a los Estados Unidos a través del Tratado
de Guadalupe Hidalgo en 1848. En el este del país
10 están los puertorriqueños que se convirtieron en
ciudadanos americanos por el Tratado de París de
1898. En otras palabras, la mayoría de las personas
de habla hispana en los Estados Unidos son los
habitantes de territorios tomados en dos guerras.
15   El inmigrante llega tradicionalmente a una nueva
tierra dispuesto a asimilarse a la cultura, a aprender
una nueva lengua, a adaptarse a las costumbres y a
los valores del país, muchas veces con un entusiasmo
extremado. Pero cuando se ve incorporado por la
20 fuerza a otra cultura, no siente esta disposición. Más
bien tiende a resistirse y a tratar de preservar su
cultura original como un tipo de defensa. Un caso

de habla hispana
  Spanish-speaking

puertorriqueños   *Puerto
  Ricans*

dispuesto a   *ready to*

por la fuerza   *by force*

comparable es el de la provincia de Quebec, en Canadá, donde la situación de los habitantes de cultura francesa se asemeja a la de los de origen hispánico en los Estados Unidos. Es indispensable
5 conocer este contexto para comprender las actitudes contemporáneas de esta minoría étnica.

I. ORÍGENES DE «LA RAZA»

«La Raza»   *"The Race"*

Mientras que el porcentaje de personas de ascendencia hispánica en el resto del país es de casi un
10 siete por ciento, en los estados del suroeste ese porcentaje se duplica y en Texas y California llega a más de cuarenta por ciento. La causa básica de esta concentración tiene su origen en algunos hechos de la primera mitad del siglo XIX.
15 A principios del siglo XIX nació en los Estados Unidos el concepto que se llamó «destino manifiesto». Según éste, el destino de los anglosajones era ampliar su territorio, a expensas del pueblo hispánico, sobre el continente americano. Existía cierta confusión en
20 cuanto a los límites de esta expansión: algunos pensaban que debía incluir todo el hemisferio; otros sólo veían la necesidad de abarcar la tierra entre Nueva Inglaterra y el Océano Pacífico. Antes que invadir abiertamente los territorios, los estadounidenses preferían
25 animar a los habitantes de las regiones fronterizas a que se separaran de México y después pidieran incorporarse a la Unión Americana. Los Estados Unidos ya habían comprado el territorio de Louisiana en 1803 y la Florida en 1819, de manera que sólo quedaba
30 por anexar el área entre Texas y California.
Hubo entonces una migración constante de estadounidenses hacia estas dos provincias mexicanas tan poco pobladas, con el propósito de fomentar una revolución en favor de la independencia. O sea que,
35 aunque el gobierno de los Estados Unidos no estuviera cometiendo actos agresivos contra México, su política favorecía esta agresión, ya que aprobaba de antemano la incorporación de esos territorios como

ascendencia   *ancestry*

se duplica   *is doubled*

a principios   *in the early part*

ampliar   *to increase*

abarcar   *to take in*
Nueva Inglaterra   *New England*

animar...separaran   *to encourage . . . to separate themselves*

fomentar   *to stimulate*

de antemano   *beforehand*

nuevos estados. Por razones económicas, la política mexicana también favorecía esta inmigración, ofreciendo tierra a inmigrantes tales como Stephen F. Austin, quien estableció la primera colonia anglosa-
5 jona en Texas.

El resultado de esta política fue un choque cultural. Como estaba cerca de los Estados Unidos, Texas se llenó de anglos; en 1834 se calculaba que había allí 301.000 anglosajones y sólo 500 mexicanos.
10 En 1836, los ciudadanos de Texas se declararon independientes de México. Después de la famosa derrota de la misión del Álamo, el ejército texano, bajo el mando de Sam Houston, pudo vencer al ejército mexicano en San Jacinto. Se inició inmediata-
15 mente una petición de anexión a los Estados Unidos, pero por razones políticas internas ésta recién fue aprobada en 1845.

En las provincias de California y Nuevo México la política fue semejante, pero el número de anglos
20 no alcanzó el nivel necesario para imitar el proceso texano. Los Estados Unidos tuvieron que declarar la guerra en 1846 para conseguir esos territorios. Con la ocupación de la ciudad de México en 1847, el gobierno mexicano se vio forzado a aceptar la pérdida
25 de la mitad de su país y el Tratado de Guadalupe Hidalgo fue firmado en 1848.

Por este motivo, a más de 100.000 habitantes mexicanos de esa región se les dio a elegir entre irse a México o quedarse como ciudadanos estadouni-
30 denses sin perder ni los bienes ni los derechos que tenían. Sin embargo, el gobierno norteamericano no se mantuvo completamente fiel a esa promesa. Dos días después de haberse firmado el tratado llegó la noticia del descubrimiento de oro en California, lo
35 que contribuyó a aumentar la población de anglosajones de ese estado. En Texas los anglos se aprovecharon de las leyes norteamericanas para confundir la cuestión de la validez de los títulos de propiedad aun cuando éstos tenían origen en la época colonial
40 de México.

El territorio de Nuevo México, que era la región

choque *(m) clash*

mando *command*
vencer *to overcome*

anexión *annexation*

fue firmado *was signed*

no...fiel *did not remain . . . faithful*

se aprovecharon *took advantage of*
confundir *to confuse*
validez *validity*

menos poblada, no comenzó a recibir inmigración de
los Estados Unidos hasta después de 1848, y no fue
hasta fines del siglo que los anglos llegaron a constituir una mayoría. La región desde Santa Fe hasta
5 San Luis, Colorado, estaba poblada por españoles
que habían estado allí desde el siglo XVII y que en
realidad no se habían sentido mexicanos después de
la independencia. La región tenía un fuerte sentimiento español, y el hecho de que las misiones cató-
10 licas habían sido su único lazo con el mundo exterior
dio carácter de conflicto religioso entre católicos y
protestantes a las luchas entre «anglos» e «hispanos»
que hubo durante el siglo XIX.

Sólo en el sur del estado de Arizona existió cierta
15 paz y amistad entre los dos grupos. Tal vez porque
los ganaderos mexicanos y anglos tenían que enfrentar   enfrentar   *to face*
a otros enemigos, como el clima severo del desierto
y los indios apaches, no se dedicaron a la lucha cultural o racial que caracterizó al resto del suroeste.
20 Pero, hacia fines de siglo, con la llegada del ferrocarril y el descubrimiento de minerales valiosos, también estalló un conflicto en ese territorio.

Esta larga época de conflictos dio origen a una
serie de anécdotas sobre héroes culturales. En Cali-
25 fornia, un minero chileno o mexicano[1] se rebeló contra
las condiciones en que sus compañeros mexicanos
vivían y emprendió una campaña de venganza; su   emprendió   *undertook*
nombre, Joaquín Murieta, ha venido a simbolizar la   campaña   *campaign*
resistencia del pueblo mexicano. En Texas un ban-   venganza   *revenge*
30 dido llamado Juan Nepomuceno Cortina dominó una
gran región del sur del estado entre 1860 y 1875; para
asegurarse del apoyo del pueblo adoptó una ideología
antianglo. En Nuevo México, Elfego Baca, que era
miembro de la policía territorial en Socorro, apresó   apresó   *captured*
35 a un texano—cosa inaudita—y tuvo que resistir solo,   inaudita   *unheard of*
durante dos días, el ataque de varios amigos del
prisionero. Se cree que ese acto puso fin a la migración
de texanos belicosos al territorio.   belicosos   *hostile*

---

[1] un minero chileno o mexicano   *The nationality of Joaquín Murieta is obscure. Many Chileans
who had mining experience in Chile were attracted to California during the Gold Rush of the
mid-nineteenth century. They, of course, tended to join the Mexican population so that all were
considered Mexicans by the Anglo authorities.*

La reacción de los anglos fue la venganza organizada de los «vigilantes» (es interesante—e irónico —el origen del nombre). Se calcula que hubo centenares de «linchamientos» de mexicanos en esta época. *linchamientos*   *lynchings*

5 Los mexicanos muertos a manos de los anglos llegaron a números espantosos puesto que en la opinión de *puesto que*   *since* muchos eso no era un acto criminal.

No sorprenderá que esta tradición violenta no haya conducido a una asimilación pacífica. Si los 10 mexicanos hubieran sido inmigrantes, se podría esperar la adaptación tradicional. Si ellos mismos hubieran pedido la incorporación de su tierra a los Estados Unidos, también se podría esperar que tuvieran una actitud favorable. Si se hubiera seguido 15 el artículo octavo del tratado, no habrían tenido re- *reclamaciones*   *claims* clamaciones contra el gobierno norteamericano. Si se les hubiera dado la oportunidad de adaptarse, hoy tal vez no habría problemas. Pero la historia es muy clara: fueron incorporados a la fuerza, desposeídos de *desposeídos*   *dispossessed* 20 sus tierras y relegados a los trabajos más bajos. El *relegados*   *relegated* resultado fue inevitable.

II. PRESENCIA DE LA CULTURA HISPÁNICA EN EL SUROESTE

Cualquier persona que haya viajado por los es-
25 tados de Texas, Nuevo México, Colorado, Arizona y California habrá visto que existe una fuerte influencia hispánica en los toponímicos, los apellidos, la arqui- *toponímicos*   *place* tectura, la comida, y aún en la lengua oída en la calle *names* o en la radio y en la plaza central de los pueblos 30 pequeños. Si una ciudad lleva un nombre inglés, se puede estar seguro de que su origen es reciente. Un ejemplo es Phoenix, en el estado de Arizona. Fue fundada a fines del siglo XIX como parada del ferro- *parada*   *stop* carril, mucho después de Casa Grande, Mesa, Ajo, 35 Yuma, etc. Los nombres de montañas—Guadalupes, Sangre de Cristo, Sierra Nevada—y de ríos como el Río Grande (llamado el Río Bravo en México), el

Brazos y el Pecos demuestran el origen de sus descu-
bridores. Varios nombres españoles de accidentes
geográficos, como cañón, arroyo, o mesa, han pasado
al inglés por referirse a fenómenos de esa región.

5   Tal vez es en el campo lingüístico donde ha existido
más intercambio pacífico entre las dos culturas. Una
serie de palabras españolas fueron incorporadas al
inglés como resultado de ciertas condiciones comunes
a todos los habitantes del suroeste. En la cría de
10 ganado los mexicanos habían establecido una terminología que fue adoptada por los anglos: *ranch*
(rancho); *lasso* (lazo); *lariat* (la reata); *buckeroo* (vaquero); *burro* (burro); *corral* (corral); *hoosegow* (juzgado); *calaboose* (calabozo); *vamoose* (vamos). Mu-
15 chas palabras españolas son usadas comúnmente en
inglés: patio, rodeo, plaza, fiesta, siesta, tornado. La
lista incluye también los nombres de plantas indígenas
(quinina, saguaro), de animales (puma, coyote), de
platos típicos (tacos, chile con carne), de materiales
20 de construcción (adobe), etc.

Claro que el español del suroeste muestra igual influencia del inglés. Muchas palabras inglesas son usadas en la lengua diaria y también hay docenas de anglicismos, o sea palabras tomadas del inglés y
5 modificadas. Las palabras asociadas con el automóvil —brecas, troca, parquear—frecuentemente derivan del inglés. Otro fenómeno es el uso de una traducción literal cuando algo no tiene equivalente adecuado en español: por ejemplo, «escuela alta» *(high school),*
10 «chanza» *(chance)* o «yarda» *(yard).*

brecas *brakes*
troca *truck*
parquear *to park*

La influencia hispánica también se ve en la arquitectura del suroeste. Es muy común allí el estilo «español» en los edificios que fueron construidos entre 1910 y 1930, cuando el estilo estaba de moda en
15 California. Sin embargo, existen numerosos ejemplos de auténtica arquitectura española en las iglesias antiguas y en algunos edificios preservados. Los elementos básicos de esta arquitectura son el adobe, los techos de tejas y vigas de madera labrada, que no
20 se cubren. Paredes de adobe encierran el patio. El decorado suele ser sencillo porque el adobe no se presta a las elaboraciones típicas de los edificios del sur de México. Las ventanas tienden a ser pequeñas y las paredes exteriores gruesas, tanto en las regiones
25 cálidas como en las frías.

de moda *in style*

techos *roofs*
tejas *tiles*
vigas *beams*
encierran *enclose*
decorado *decor*
no se presta *does not lend itself*
gruesas *thick*
cálidas *warm*

Las influencias españolas, en la lengua y en la arquitectura, son muy notables en todos los estados del suroeste y existen, aunque en menor grado, en los estados de más al norte. Se pueden encontrar marca-
30 das distinciones entre una región y otra. Hay por lo menos cinco regiones culturales hispánicas en el suroeste, debido a los patrones coloniales y luego al movimiento de los pobladores norteamericanos del siglo XIX. Geográficamente, estas regiones pueden
35 identificarse así: 1) el sur de Texas; 2) la región que se extiende desde el noroeste de Texas hacia el sur de Nuevo México, Arizona y California; 3) la costa de California; 4) los grandes centros urbanos, creaciones del siglo XX; 5) la región del norte de Nuevo
40 México y el sur de Colorado.

debido a *due to*
patrones *patterns*
pobladores *settlers*

La primera de estas regiones fue poblada en la

época colonial por los españoles. Como tenía tierra
fértil, atrajo a los primeros anglosajones. Por su
proximidad al centro de México, fue la región más
disputada en la guerra de 1846.

5 La segunda región, concentrada en la cría de
ganado, tuvo un desarrollo más tardío, pero la llegada   tardío *late*
del ferrocarril lo aceleró. Es el sitio de las grandes
haciendas, como el *King Ranch*. La región también
se caracterizaba por los conflictos entre los nuevos
10 pobladores, anglos y mexicanos, contra los indios
guerreros.   guerreros *warlike*

La costa de California era el lugar más poblado
por los españoles y por los mexicanos después de
1824. Su accesibilidad por mar contribuyó a la activi-
15 dad, tanto comercial como misionera, de la colonia.
Este mismo hecho facilitó la inmigración anglosajona
a raíz del descubrimiento del oro en 1848, resultando
además en la destrucción de gran parte de la cultura
antigua.
20 Las grandes ciudades del suroeste, Los Ángeles,
Tucson, Albuquerque, Denver, El Paso, Laredo, San
Antonio, reflejan una cultura hispánica nueva, for-
mada por elementos y acontecimientos del siglo XX.

La región entre Santa Fe, Nuevo México y San
25 Luis, Colorado, es la que ha preservado en su estado
más puro la antigua cultura española. Estimulado por
las historias de Cabeza de Vaca,[2] en 1539 el Virrey
mandó a Fray Marcos de Niza acompañado por el
moro Estebanillo en busca de las ciudades fabulosas
30 de Cíbola y Quivira. Al año siguiente, la expedición
de Coronado continuó la búsqueda, llegando hasta   búsqueda *search*
Kansas, antes de decidir que las leyendas eran mitos   mitos *myths*
o mentiras de los indios. La región fue olvidada hasta   mentiras *lies*
1598 cuando un rico de Zacatecas, Juan de Oñate,
35 emprendió la colonización.

Después de fundar algunas poblaciones en la
región de Santa Fe, los colonizadores tuvieron que

---

[2] Cabeza de Vaca *Shipwrecked off the coast of Texas, Cabeza de Vaca wandered through much of the Southwest, living with the Indians and learning their legends, including that of the Seven Cities of Cíbola, all made of gold. He finally made it back to Mexico where he reported his adventures and stimulated further official expeditions.*

pasar casi un siglo luchando contra los indios pueblos.
Finalmente, en 1692, Diego de Vargas pudo establecer la paz. Es interesante notar que la colonia de
Santa Fe fue la más segura de todo el suroeste porque
5 era el único lugar poblado por indios sedentarios, los
pueblos, en una situación bastante parecida a la del
Valle de México. El resto del territorio vivía bajo el
terror de los apaches y comanches, indios nómadas
y guerreros.

10 Santa Fe existió como una colonia segura pero
aislada de México. A causa de esta separación se creó   aislada *isolated*
una sociedad basada en las prácticas y costumbres
del siglo XVII que cambió muy poco en años si-
guientes por falta de contactos culturales. El viaje de   falta de *lack of*
15 ida y vuelta desde Santa Fe hasta Chihuahua llevaba   de ida y vuelta *round trip*
más de cinco meses, y a veces era usado como prueba
para el joven que pidiera la mano de una señorita de   pidiera la mano *asked for the hand*
la colonia. La población creció más por la asimilación
de indios que por la llegada de nuevos colonizadores.
20 Después de 1848, cuando el territorio se incorporó a
los Estados Unidos, entró en contacto con la cultura
anglosajona, aunque los habitantes persistían, como
lo hacen hoy, en seguir su vida tradicional.

Los estudios folklóricos en esta región revelan la
25 existencia de poesías y canciones procedentes de la
España medieval. También muestran todavía ejemplos de artes coloniales: los tejidos de Chimayó y los
santeros[3] que labran imágenes de madera. Estas
imágenes ejemplifican la mezcla de las culturas
30 española e indígena. Los que han estudiado la lengua
de la región notan la presencia de formas antiguas
que ya no existen en el español moderno.

En esta región no ha habido tantos conflictos entre
los hispanos y la sociedad anglosajona, probablemente
35 como resultado de casi cuatro siglos de coexistencia
comunal de las dos culturas.

---

[3] los santeros   *carvers of saints. A traditional art form involving the creation of images of saints either from wood or as paintings, frequently on metal. The* santeros *of northern New Mexico show the isolation from the mainstream of Mexican culture and the strong indigenous influence of the region.*

III. NUEVAS INFLUENCIAS DEL SIGLO XX

La época entre 1900 y 1930 se caracterizó por un intenso desarrollo económico en el suroeste y por una gran necesidad de trabajadores. La fuente natural
5 era el norte de México, donde vivían miles de mexicanos desempleados. La construcción del ferrocarril, las cosechas del algodón, de frutas y legumbres en las tierras regadas por el Río Grande y de betabeles en Colorado y California, fueron realizadas por
10 obreros mexicanos, como ya lo había sido el establecimiento de las industrias minera y ganadera. No sólo fue el trabajo de los mexicanos, sino también sus conocimientos tecnológicos los que facilitaron este progreso. Los angloamericanos no conocían la técnica
15 del riego que los españoles habían aprendido de los árabes ni las técnicas mineras que se habían desarrollado en México en el siglo XVI. El ferrocarril[4] tuvo que seguir las rutas ya descubiertas por los mexicanos. Todo el progreso del suroeste habría sido imposible o
20 mucho más lento sin la ayuda de las población hispánica.

En las tres primeras décadas del siglo la población mexicana de Texas creció en un mil por ciento. El contrabando más importante de toda la frontera con-
25 sistía en obreros mexicanos; hubo guerras de contrabandistas en las cuales se robaban a los obreros como ganado. Hasta 1930 los mexicanos tenían fama de trabajadores dóciles que harían cualquier tarea sin quejarse. En la década del treinta, sin embargo, bajo
30 la influencia de organizadores sindicales, estallaron varias huelgas de obreros agrícolas en California. Como resultado hubo una tentativa de «repatriar» a miles de mexicanos para reducir el número de personas desempleadas. El único resultado de las huelgas
35 fue la supresión violenta, pero con todo, fueron las primeras tentativas de protesta contra la segregación y los abusos que sufrían.

desempleados *unemployed*
cosechas *harvests*
algodón *(m) cotton*
legumbres *(f) vegetables*
regadas *irrigated*
betabeles *(Mex.) sugar beets*
como...sido *as had been*

contrabando *smuggling*

dóciles *submissive*
quejarse *complaining*
sindicales *union*

repatriar *to repatriate (deport)*

---

[4] El ferrocarril *Unlike most railroads, the Southern Pacific was built not following other development but preceding it. The company stimulated the development of the region.*

Los sindicatos nacionales, dirigidos por los trabajadores del este del país, no ofrecieron mucho apoyo a los mexicanos. Al contrario, ayudaron a mantener el nivel de vida como estaba, al establecer
5 sueldos bajos para la gente de color y los mexicanos.   sueldos   *salaries*
En toda la región se practicaba esta clase de discriminación racial. Carteles en las tiendas y restaurantes   carteles   *(m) signs*
prohibían la entrada a los mexicanos. Su situación se parecía mucho a la de los negros en el sur.
10 Aunque las primeras huelgas y protestas fracasaron frente a la policía armada, prepararon la escena para los movimientos de la posguerra que lograron obtener algunas mejoras.

IV. «LA RAZA»

15 Durante la Segunda Guerra Mundial muchas personas de la comunidad hispánica[5] sirvieron en las fuerzas armadas de los Estados Unidos con mucha distinción. Los que no fueron a la guerra se quedaron a trabajar en las fábricas y agencias de defensa. Por
20 primera vez tuvieron contactos con la sociedad anglosajona en un nivel de igualdad nacida de la necesidad   nacida   *born*
del momento. Todo esto despertó en ellos una nueva conciencia de sus derechos y posibilidades. Los veteranos volvieron menos dispuestos a tolerar la discri-
25 minación racial y con ganas de mejorar su suerte.   ganas   *desire*
Además, durante la guerra, el gobierno federal, que   suerte   *(f) fortune*
necesitaba mantener buenas relaciones con México, había tratado de evitar la discriminación en el suroeste. Se deseaba evitar la posibilidad de incidentes
30 como el que ocurrió cuando un restaurante en Texas se negó a servir al cónsul mexicano en Houston. Estos   se negó a   *refused to*

---

[5] personas de la comunidad hispánica   *There is no universally applicable name either in English or Spanish for the people of Spanish ancestry in the United States. Many have been used, Mexican-American being perhaps the most widely accepted. Mexican, Hispano, Spanish-American and Latin American all are ambiguous because of their confusion with foreign areas; Chicano and "La Raza" imply a somewhat political grouping unacceptable to some members. Government agencies tend to use "Spanish-surnamed" because of its factual basis. A recent survey showed mexicano to be most acceptable as a self-referent by people in Texas, Arizona and California. In Spanish, of course, that is confusing, as is mexicanoamericano.*

incidentes sirvieron para crear un clima más propicio   propicio   *favorable*
para la protesta y para la organización de las
minorías.

Sin embargo, hubo poca actividad organizada hasta
5 1965 cuando en California se oyó de nuevo el grito   de nuevo *again*
de ¡Huelga! entre los obreros agrícolas. Bajo la direc-   grito *cry*
ción tanto práctica como espiritual de César Estrada
Chávez, el 16 de septiembre de 1965 (el día de la
independencia mexicana)[6] fue proclamado el Plan de
10 Delano. La huelga de los trabajadores campesinos   campesinos *of the*
despertó el interés de miles de personas, especial-   *farms*
mente entre los jóvenes. El Plan era un documento
sencillo que proclamaba la solidaridad de los campesinos mexicanos. Marcó el principio de una serie de
15 acciones dedicadas a mejorar las condiciones del
obrero. Chávez formó un sindicato de campesinos
unidos en una gran fuerza espiritual e idealista. «La
Causa» rápidamente ganó el apoyo de muchos habitantes urbanos y creó el término «chicano», de origen

---

[6] el día de la independencia mexicana *Mexico declared its independence from Spain on
September 16, 1810. A priest in Dolores,* Padre Hidalgo, *gave what is called* "El grito de
Dolores" *on that day. Many Chicano groups in the U.S. celebrate that day as a show of cultural
independence.*

desconocido, que fue utilizado para referirse a los
adherentes al movimiento. En la década siguiente, a
pesar de la oposición de los que recordaban «chicano»
como una palabra peyorativa, ésta ganó más popu-
5 laridad.

Al extenderse el movimiento a otras regiones del
suroeste se adoptó otro término antiguo: «La Raza».
Según algunos, el origen de la expresión se encuentra
en la misión dada a los españoles en la época de la
10 conquista de formar «La Santa Raza», es decir, de
llevar la fe católica a los pueblos de América. Como
quiera que sea el término, «La Raza» se ha aplicado
genéricamente a la tradición hispánica para distin-
guirla de la anglosajona. La expresión tiene un
15 significado semejante en toda Hispanoamérica donde
se celebra el día 12 de octubre (que en los Estados
Unidos se llama *Columbus Day*) como «El Día de la
Raza».

En 1968 este término alcanzó popularidad cuando
20 se formó un partido político llamado «La Raza
Unida». El fundador del partido, Rodolfo "Corky"
Gonzales, un hombre carismático, fue antes un miembro del Partido Demócrata de Denver y oficial de
varias agencias cívicas contra la pobreza. Gonzales
25 se desilusionó con la política tradicional y creó «La
Cruzada para la Justicia». Su organización se ocupa
principalmente de la pobreza urbana y ha sido
identificada con métodos violentos de protesta, aunque él mismo rechaza la violencia.
30 Gonzales también se ha interesado en la poesía:
escribió un poema épico, *Yo soy Joaquín*, que es una
de las obras más conocidas de la literatura chicana.
Esta afición también caracteriza sus esfuerzos en «La
Cruzada». Además de sus actividades sociopolíticas,
35 su oficina también auspicia una galería de arte
chicano, un teatro chicano y una biblioteca.

Debido a los movimientos de Chávez entre los
campesinos y de Corky Gonzales en los barrios urbanos,[7] se ha experimentado el despertar de una
40 nueva conciencia de la Raza entre estos elementos.

Más o menos al mismo tiempo los estudiantes

---

a pesar de   *in spite of*

peyorativa   *derogatory*

como quiera que sea
   however, at any rate

se desilusionó   *became
   disillusioned*

él mismo   *he himself*
rechaza   *rejects*

afición   *inclination*

auspicia   *sponsors*

universitarios también comenzaron a participar en la lucha por la justicia. Un grupo de jóvenes formuló el «Plan Espiritual de Aztlán» en 1969. En la leyenda azteca Aztlán era el lugar de origen de la tribu y se
5 ha teorizado que era más o menos el suroeste de los Estados Unidos. Este plan tuvo el fin de crear cierta unidad geográfica, racial y cultural en el movimiento. Al mismo tiempo proclamaba sentimientos separatistas que algunos encontraron inaceptables. De todos
10 modos representó una actividad cultural de valor.

Después de estos actos espectaculares ha venido el trabajo, aburrido pero necesario, de miles de personas que se ocupan de llamar la atención del público y de las autoridades sobre la discriminación cuando
15 ocurre. También comenzó el esfuerzo por ejercer la influencia política que tiene una minoría numerosa dentro del sistema democrático. Implica educar a la gente para que voten a favor de candidatos que apoyen la causa.

aburrido *boring*

ejercer *exercise*

implica *it involves*

20 # V. OTROS ELEMENTOS DE LA MINORÍA HISPÁNICA

Por lo general, los otros grupos hispánicos de los Estados Unidos son más recientes. Los puertorriqueños, que principalmente se concentran en el este
25 del país, se vieron incorporados como ciudadanos norteamericanos en 1898 cuando su isla fue capturada en la guerra con España. Desde esa fecha han podido viajar libremente entre su territorio y el continente. Su motivo en migrar a Nueva York y a las otras
30 ciudades del este es básicamente económico y el número que viene tiende a reflejar el estado económico tanto de la isla como de los Estados Unidos. Hay años en que más personas vuelven a la isla y otros en que más vienen al continente.

se vieron *found themselves*

---

⁷ los barrios urbanos *The term* barrio, *which means simply "neighborhood" or "city subdivision" in Spanish, has come to mean the "Chicano ghetto" among the followers of the movement. It is used to refer to both the bad aspects—poverty, crime, etc.—and the cultural unity implied by geographical community.*

Su experiencia en el país no ha sido muy buena.
Probablemente constituyen uno de los grupos más
pobres de la nación. Frecuentemente son personas del
campo tropical de la isla y al encontrarse en el norte
5 —urbano, industrializado y frío—se sienten bastante
desorientados. No poseen las capacidades necesarias   capacidades *skills*
para encontrar buenos puestos y se resignan a las
tareas más básicas.

Al fin, sin embargo, debe haber alguna atracción
10 fuerte porque de todos los grupos hispánicos en los
Estados Unidos, éste es el único que puede volver
fácilmente a su tierra si lo quieren. Es decir que, por
malas que sean sus condiciones en Nueva York,
habrán sido peores en la isla.

15 El tercer grupo hispánico lo constituyen los cubanos que vinieron a los Estados Unidos cuando
huyeron del gobierno de Castro. A diferencia de otros   a diferencia de *unlike*
inmigrantes, muchos de los cubanos eran personas
educadas, profesionales en Cuba y han tenido otra
20 suerte en su nuevo país. Su mayor concentración ha
sido en el sur de la Florida pero en realidad están
en todas partes del país. Se encuentran hoy como
dueños de bancos y otras empresas y en puestos altos   empresas *enterprises*
en el mundo de los negocios. Refleja tal vez el hecho
25 de que vinieron a una nueva tierra con cierta volun-
tad propia y no como cautivos de una guerra.   cautivos *captives*

Los cubanos vivían en relativa paz hasta la llegada
del último barco lleno de presos de las cárceles   barco *boat*
cubanas. Algunos eran presos políticos pero otros   presos *prisoners*
30 eran sencillamente criminales—a veces violentos.
Este grupo ha comenzado a causar problemas tanto
para la comunidad cubana como para el resto de la
sociedad.

Debido a los problemas políticos centroamericanos,
35 el número de refugiados de esa región crece diaria-   refugiados *refugees*
mente. También, a causa de la economía pésima de   pésima *very bad*
México, el número de inmigrantes mexicanos sin
documentos sigue aumentando—especialmente en el
suroeste.
40 Con todo esto, es fácil entender que la minoría
hispánica promete ser la minoría más numerosa para

el año 2000 y tal vez antes. Es obvio que la cultura hispánica, cuya presencia se ha hecho sentir desde la independencia, seguirá siendo un elemento importante en la población de los Estados Unidos en el
35 futuro.

Práctica

I. Preguntas sobre el texto

1. ¿Cuál es el porcentaje de habitantes de habla hispana en los Estados Unidos? 2. ¿Cómo lograron los Estados Unidos incorporar las tierras mexicanas? 3. ¿De qué siglo data la cultura hispánica del norte de Nuevo México? 4. ¿Cuáles son algunas palabras españolas usadas en inglés? 5. ¿Cuántas regiones distintas hay en la cultura hispánica del suroeste? 6. ¿Quién fue Cabeza de Vaca? 7. ¿Por qué se necesitaban obreros en el suroeste en el período 1900–1930? 8. ¿Qué téc-
nicas aprendidas de los mexicanos facilitaron el progreso del suroeste? 9. ¿Qué es «La Causa»? 10. ¿Qué era Aztlán? 11. ¿Qué otros grupos hispánicos se encuentran en los Estados Unidos? 12. ¿Cuál ha sido la suerte de los cubanos en los Estados Unidos? ¿Por qué ha sido diferente de la de los otros grupos?

II. Preguntas personales

1. ¿Cuántos nombres españoles de ciudades estadounidenses sabe usted? ¿de ríos? ¿de montañas? 2. ¿Ha viajado usted por el suroeste? ¿Qué partes ha visitado? 3. ¿Sabe usted cuándo vinieron sus antepasados a los Estados Unidos? 4. ¿Su familia ha mantenido algunas costumbres étnicas? ¿Cuáles? 5. ¿Cuál es su opinión sobre el valor de la educación bilingüe? 6. ¿Quiénes son actualmente algunas personas famosas de origen hispánico? 7. ¿Ha sentido usted alguna forma de discriminación? Describa la situación. 8. ¿Cree usted que todos deben hablar tanto el español como el inglés? ¿Por qué?

III. Puntos de contraste cultural

1. ¿Cree usted que se debe exigir a la gente de habla hispana en los Estados Unidos la misma actitud que se exige a otros inmigrantes?
2. ¿Por qué existe tanto intercambio lingüístico en la frontera entre dos culturas?

3. El relativo aislamiento de la región de Santa Fe desde el siglo XVII ayudó a impedir el desarrollo de la lengua. ¿Sabe usted de alguna región de los Estados Unidos donde haya ocurrido algo semejante con el inglés?

4. ¿Cree usted que se debe observar hoy día el derecho a la tierra que tuvo su origen en las mercedes reales del siglo XVII?

5. ¿Cuál cree usted que es mejor, el ideal de asimilación o el de coexistencia cultural? ¿Tiene eso algo que ver con la raza o con el dominio de una cultura sobre otra?

IV. Ejercicios de vocabulario

A. Dar dos palabras relacionadas.

MODELO: tierra   *territorio*   *terreno*

1. poblar   _____   _____
2. migración   _____   _____
3. incorporar   _____   _____
4. adaptar   _____   _____
5. obrar   _____   _____

B. Indicar los sinónimos.

1. sueldo   a. declarar
2. destino   b. afición
3. proclamar   c. letrero
4. adherentes   d. guerrero
5. cartel   e. exigir
6. bienes   f. salario
7. reclamar   g. aumentar
8. ampliar   h. miembros
9. belicoso   i. propiedad
10. inclinación   j. suerte

C. Completar con la forma apropiada de la palabra entre paréntesis.

1. (incluir) Es común la _____ de palabras españolas en el inglés.
2. (geografía) Hay cinco regiones _____ .
3. (espíritu) Formularon el Plan _____ de Aztlán.
4. (ganado) Estimularon la industria _____ .
5. (frontera) Poblaron las provincias _____ de la región.
6. (folklore) Han hecho estudios _____ .
7. (por ciento) Hay un gran _____ de personas desempleadas.
8. (oscuro) La palabra «mexicano» _____ la nacionalidad estadounidense de la persona.

9. (acontecer) Los _____ en Delano crearon una nueva conciencia en el país.
10. (ejemplo) Este arte _____ la mezcla de culturas.

V. Ejercicios de composición

A. Escribir un párrafo sobre:

1. La incorporación de los mexicanos del suroeste a la sociedad norteamericana.
2. Las contribuciones hispánicas al vocabulario inglés.
3. Las distintas regiones hispánicas del suroeste.
4. La cultura del norte de Nuevo México y del sur de Colorado.
5. El Plan Espiritual de Aztlán.

B. Dar su opinión personal sobre:

1. La asimilación versus la sociedad multi-cultural.
2. La violencia como método de ganar los derechos.
3. El problema de los trabajadores mexicanos ilegales.
4. El papel del gobierno federal en el problema racial.
5. Semejanzas y diferencias entre las minorías hispánicas y las otras.

VI. Para usar la imaginación

Imagine que usted es nativo del planeta Marte y acaba de inmigrar a la tierra por razones económicas. ¿Cuáles son las cosas que tendría que hacer al llegar aquí? ¿Cómo van a reaccionar los terrestres al hecho de que usted es de color verde claro y que mide tres metros y pico? ¿Qué les va a responder? ¿Cuáles van a ser sus mayores problemas?

Vocabulario

This vocabulary does not include Spanish words that are exact cognates of English ones. The gender of nouns is listed except masculine nouns ending in -o and feminine nouns ending in -a, -dad, -tad, -tud, or -ión. Adverbs ending in -mente are not listed if the adjectives from which they are derived are included.

Abbreviations

adj	adjective	*part*	participle
adv	adverb	*pl*	plural
Am	American	*pret*	preterite
f	feminine	*pron*	pronoun
fig	figurative	*refl*	reflexive
m	masculine	*subj*	subjunctive
n	noun		

A

abajo   below
abandonar   to abandon
abarcar   to include, comprise
abertura   opening
abierto   open; opened
abogado,-a   attorney, advocate
abrir   to open
abrumador   overwhelming, wearying
absoluto   absolute
absorber   to absorb
abstracto   abstract
abuela   grandmother
abuelo   grandfather; los
   abuelos   grandparents
abundancia   abundance, plenty
abundante   abundant, plentiful
abundar   to abound, be plentiful
aburrido   bored; boring
abusar   to abuse
abuso   abuse
acabar   to end up; to have just
académico   academic
acariciar   to caress
acceder   to accede, give in
accesibilidad   accessibility
acción   action; act
acelerar   to speed up, accelerate
aceptar   to accept, admit
acerca (de)   about, regarding
acercarse   to approach
aclarar   to clarify
acompañar   to accompany; go along
acontecer   to happen, occur
acontecimiento   event, occurrence
acorazado   battleship
acortar   to shorten, cut short
acostar   to put to bed
acostumbrado   accustomed;
   customary
acostumbrarse (a)   to be used to; to
   customarily (+ verb); to become
   accustomed to
actividad   activity

activo   active
acto   act; action
actriz f   actress
actual   current, present,
   contemporary
actualidad   current time, the present
actuar   to act, act as
acueducto   aqueduct
acuerdo   accord; de acuerdo a
   according to; de acuerdo con   in
   agreement with; estar de
   acuerdo   to be in agreement;
   ponerse de acuerdo   to reach an
   agreement
acumular   to accumulate
acusar   to accuse, blame
adaptarse   to become adapted, adapt
adecuado   adequate
adelante   ahead; más adelante
   later on
además   moreover, besides, in
   addition; además de   in addition
   to
adherente m or f   supporter,
   adherent
adhesión   support, belief in
administrar   to administer, run
administrativo   administrative
admirable   wonderful, awesome
admitir   to admit; to allow; to accept
adobe m   adobe (brick made of clay
   and straw)
adoptar   to adopt, take up
adorar   to worship
adorno   decoration, adornment
adquirir   to acquire
adquisición   acquisition
aduana   customhouse; customs
adueñarse   to take over, acquire
adulto,-a noun and adj   adult
aéreo adj   air
aeropuerto   airport
afición   inclination; fondness; taste
afiliarse   to join
afinidad   affinity, resemblance

afirmación   assertion, affirmation
afirmar   to affirm, assert
afuera *adv*   outside
afueras *f pl*   outskirts
agencia   agency, bureau
agotar   to exhaust, dry up, run out
agrario   agrarian, agricultural
agravarse   to become worse
agresión   aggression
agresivo   aggressive
agrícola *m or f*   agricultural
aguardiente *m*   brandy, liquor
águila   eagle
ahogado,-a   drowned person
ahorrar   to save (as money)
aire *m*   air; **al aire libre**   outside, in the open air
aislado   isolated
aislamiento   isolation
ajedrez *m*   chess
alcachofa   artichoke
alcalde *m*   mayor
alcanfor *m*   camphor
alcanzar   to reach; to achieve; to gain; to catch up with
alcázar *m*   castle; fortress
alcoba   bedroom, alcove
alegar   to allege, claim, offer
alejarse   to move away, leave
alemán,-mana *n and adj*   German
alentar   to encourage, inspire
alfabetismo   literacy
alfabeto   alphabet
alfalfa   alfalfa
alfombra   carpet
alfombrar   to carpet
algo   something; *adv* somewhat
algodón *m*   cotton
alguien *pron*   someone
algún, alguno,-a   someone; **algunos,-as**   some
aliado,-a *adj*   allied; *n* ally
alianza   alliance
aliarse   to side with, ally with
aliento   vigor, activity

alimentar   to feed
alimento   food, nourishment
aliviar   to alleviate, lessen
alma   soul, spirit
almacén *m*   department store; warehouse
almohada   pillow, cushion
almuerzo   lunch
alpinismo   mountain climbing, hiking
alquimia   alchemy
alrededor (de)   around
alternativa *n*   alternative
alto   high, tall
altura   altitude, height
alumno,-a   pupil, student
alza   rise (in price)
allegado *m*   having arrived
allí   there, over there
amante *m or f*   lover, mistress
amar   to love
amarillo   yellow
ambiente *m*   environment; atmosphere
ambigüedad   ambiguity
ambos,-as   both
ambulante *adj*   walking, strolling
amenaza   threat
amenazar   to threaten
amistad   friendship
amo,-a   master, mistress
amontonamiento   crowding
amor *m*   love
amoroso   amorous
ampliado   widened, broadened, enlarged
ampliar   to widen, broaden, enlarge
Anáhuac *m*   Aztec name for valley around Mexico City
anciano   old, elderly
ancho   wide
andaluz,-a   of or from **Andalucía;** Andalusian
andino,-a   Andean
anécdota   anecdote, story
anexar   to annex

anexión annexation
anglicismo Anglicism, word borrowed from English
anglo,-a person of English descent
anglosajón,-a Anglo Saxon
ángulo angle
anhelo desire, eagerness
animar to stimulate, encourage
anonimidad anonymity
anónimo,-a anonymous
antagónico,-a antagonistic, contrary
ante before, in the presence of
antemano: de antemano beforehand
antepasado,-a ancestor, predecessor
anterior previous, preceding; former
antes (de) before, earlier; **antes que** rather than
anticipar to anticipate, expect
antiguo,-a old, ancient, antique; former, prior
antropología anthropology
antropólogo,-a anthropologist
anunciar to announce
anuncio announcement, advertisement
añadir to add
año year
aparato apparatus, machine
aparecer to appear
aparentemente apparently
apariencia appearance
apartado,-a distant; separated
apartamento apartment
aparte *m or f* separate
apellido surname, family name
apenas barely, hardly, just, only
apertura opening
apetito appetite
aplicar to apply
apoderarse to take control
aportar to contribute, add
apoyar to support, uphold, aid
apoyo support, aid
aprender to learn
apresar to take prisoner

aprobación approval
aprobar (ue) to approve; to pass (a course, etc.)
apropiado,-a appropriate
aprovechar(se) de to take advantage of
aquel, aquella that; **aquellos,-as** those
aquí here
árabe *m or f* Arabic; Arab
arabesco arabesque
arábigo,-a *adj* Arabic, Arabian
árbol *m* tree
área region, area
árido,-a arid, dry, barren
arma weapon; *pl* arms
armado,-a armed
arqueólogo archaeologist
arquitecto,-a architect
arquitectura architecture
arrepentirse to repent
arriba above, up
arriesgar to risk
arrogancia arrogance
arroyo stream, brook
arte *m or f* art; skill
artículo article
artista *m or f* artist
artístico,-a artistic
asamblea assembly
ascendencia origin, ancestry
asegurar to assure; **asegurarse** to make sure; to satisfy oneself
asemejarse to be similar
asentar to place, seat
asesinar to murder
asesinato murder
asesino,-a murderer
así thus, in this manner, so, that way; **así que** therefore
asilo asylum
asimilar to assimilate, incorporate
asistencia attendance
asistente *m or f* one who attends
asistir to attend

asociarse to associate, be related

asombro awe, wonder

aspecto aspect, look

astronomía astronomy

astronómico,-a astronomical

asumir to assume, take upon oneself

asunto matter, subject, affair

asustar to scare, startle

atacar to attack

ataque *m* attack

ataúd *m* coffin

Atenas Athens

atractivo,-a attractive; *n m* attraction

atraer to attract

atrajo *pret of* **atraer**

atribuir to attribute

atributo attribute, characteristic

atrocidad atrocity

aumentar to increase, augment, grow

aumento increase, growth

aun even

aún still, yet

aunque although, even though

ausencia absence

auspiciar to sponsor

austeridad austerity

autocrático,-a autocratical

autonomía autonomy, independence

autónomo,-a autonomous

autor,-a author

autoridad authority; *pl* officials

autorización authorization, permission

autorizar to authorize, permit

avance *m* advance

avanzado,-a advanced

avenida avenue

aventura adventure

ayuda help, aid

ayudante *m or f* assistant, helper; *adj m or f* helping

ayudar to help, aid, assist

azar whim; **al azar** at random

Aztlán legendary place of origin of the Aztecs—sometimes thought to be the southwestern U.S.

azúcar *m* sugar

azucarero,-a relating to sugar

azucena lily

azul blue, azure

azulado,-a colored blue

azulejo glazed tile

B

bachiller *m or f* bachelor (holder of degree)

bachillerato bachelor's degree

bahía bay

baile *m* dance

baja fall (in price)

bajar to descend, go down, lower

bajo,-a low; **bajo** *adv* beneath, under

bancario,-a relating to banking; financial

banco bank, financial institution; bench

banda band (music)

bandido bandit

barato,-a inexpensive, cheap

barba beard

barbarie *f* barbarousness; ignorance

barril *m* barrel

barrio neighborhood, section or district of a city

basarse (en) to be based on

base *f* base, basis

básico,-a basic, fundamental

bastante enough, sufficient; *adv* quite, rather

batalla battle

bautismo baptism

bautizado,-a baptized

beber to drink

bebida drink

belicoso,-a warlike, bellicose

belleza   beauty
bello,-a   beautiful, pretty
beneficiar   to benefit
beneficio   benefit
benévolo,-a   benevolent, beneficial
betabel *m*   beet
biblioteca   library
bien   well; **más bien**   rather; **los bienes**   wealth, goods
bienestar *m*   well-being
bilingüe *m or f*   bilingual
billón *m*   billion
blanco *n*   target; *adj*   white
boca   mouth
boda   wedding
bomba   bomb
bosque *m*   forest, woods
botánica   botany; **botánico,-a** *adj*   botanical
bravo,-a   wild, savage
brecas *n f pl dialect*   brakes
brecha   breach, gap
breve *m or f*   brief
brillante *m or f*   brilliant, shining
brillar   to shine
brillo   shine, brilliance
brote *m*   outbreak, bud
buen, bueno,-a   good; *adv*   well
burlarse (de)   to mock, laugh at
burocracia   bureaucracy
burro   donkey
busca   search; **en busca de**   in search of
buscar   to look for, seek, try to
búsqueda   search

C

cabeza   head
cabo   end; **llevar a cabo**   to carry out, complete
cada *m or f*   each, every; **cada vez (más)**   more and more

cadáver *m*   corpse, dead body
caer   to fall
café *m*   coffee; café
caída   fall; downfall
calabozo   dungeon, jail
calavera   skull
calcular   to calculate, figure
calendario   almanac, calendar
calidad   quality
cálido,-a   warm, tropical
califa *m*   caliph, Moslem ruler
calificar   to grade (exams, etc.)
calor *m*   heat, warmth
calle *f*   street
callejero,-a *adj*   street
cambiar   to change; to exchange
cambio   change; **a cambio de**   in exchange for; **en cambio**   on the other hand
caminante *m or f*   walker, traveller
caminar   to walk, travel, go
camino   road, street, way
campaña   campaign; countryside
campesino,-a *noun or adj*   peasant, rural
campestre *adj*   rural, country
campo   country, field; campus
canción   song
candidato,-a   candidate
canoa   canoe
canonizado,-a   canonized, admitted to sainthood
cantar *m*   song
cantar   to sing
cantidad   quantity
caña   sugar cane
cáñamo   hemp
cañón *m*   canyon
capacidad   capacity; ability
capital *m*   capital, money; *f*   capital city
capitalista *m or f*   capitalist
capítulo   chapter
cara   face; side
carácter *m*   character, nature

característico,-a *adj* characteristic;
  n f trait
caracterizar to characterize
cárcel *f* jail
carga load, burden
cargar to carry; to load
caribe *m* the Caribbean
caridad charity
cariño affection
carisma *m* charisma, personal
  magnetism
carismático,-a charismatic
carnaval *m* carnival, esp. the week
  before Lent, Mardi Gras
carne *f* meat, flesh
carnicería meat market
caro,-a expensive, dear
carrera career; race; course
carta letter; decree
cartel *m* poster
casa house; home; firm
casarse to marry, get married
casi almost, nearly
caso case, occurrence
castellano,-a Castilian; *n m*
  Spanish language
castidad chastity
castigo punishment
castillo castle
cataclismo disaster, cataclysm
catalán,-a Catalonian; *n m* the
  language of Catalonia
catedral *f* cathedral
categoría category; status, rank
catolicismo Catholicism
católico,-a Catholic
caudal *m* abundance, volume of
  water
caudaloso,-a abundant, voluminous
causa cause, movement; **a causa**
  de because of
causar to cause
cautivo,-a captive
cayera *past subj of* **caer**
ceder to cede, turn over; given in

celebrar to celebrate; to praise
celestial *m or f* heavenly, celestial
celo zeal
celtíbero,-a Celtiberian
cementerio cemetery, graveyard
cena dinner, supper
cenar to eat dinner
ceniza ash, ashes
censurar to censure; to criticize
centenar *m* hundred count;
  pl hundreds
centro center; downtown; middle;
  headquarters
Centroamérica Central America—
  the region from Guatemala to
  Panama
cerámica ceramics
cerca (de) nearly, close to; **de**
  cerca closely, close
cercano,-a nearby
ceremonia ceremony
cero zero
cerrar to close, shut
certificado certificate
ciclo cycle
cielo sky, heaven
ciencia science
científico,-a scientific
ciento hundred; **por ciento** per
  cent
cierto,-a certain, sure, a certain; **es**
  cierto it is true; **lo cierto** the truth
cifra number; cipher
cine *m* movies, movie theater
cinismo cynicism
circo circus
círculo circle
circunstancia circumstance
cirugía surgery
cita date, appointment
ciudad city
ciudadano,-a citizen
cívico,-a civic, civil
claro,-a clear; light (color); **claro**
  que of course

clase *f*   class, type, kind
clásico,-a   classic, classical
clasificar   to classify, characterize
clavar   to bury arms (a knife, sword, etc.)
clero   clergy, clergyman
cliente *m or f*   customer
clima *m*   climate
cocina   kitchen
códice *m*   codex; an original manuscript
coexistencia   coexistence
coincidir   to coincide, happen simultaneously
colega *m or f*   colleague, cohort
colegio   secondary school
colibrí *m*   hummingbird
colocar   to place, locate
colombino,-a   of or belonging to Columbus; **precolombino**   before the arrival of Columbus
Colón   Columbus
colonia   colony
colonización   colonization, settlement
colonizar   to colonize, take or settle colonies
colono   colonist, settler
color *m*   color; **gente de color** blacks
colorado,-a *adj*   red
coloso   Colossus, giant
columna   column
combatir   to fight
combinar   to combine, join
comenzar   to begin, start
comer   to eat
comercio   commerce, business
comestible *m*   foodstuff, edible substance
cometer   to commit
comida   food; meal
como   as, like, how, about;
   ¿cómo?   how? what?
comodidad   comfort
cómodo,-a   comfortable

compañero,-a   companion, comrade
compañía   company
comparación   comparison
comparar   to compare
compartir   to share; to divide
competencia   competition
competir   to compete
complejidad   complexity
complejo,-a   complex, complicated
completar   to complete
completo,-a   complete, whole
componer   to compose, make up; to fix
comportarse   to behave oneself, act
compra   purchase
comprar   to buy, purchase
comprender   to understand
comprensión   comprehension, understanding
comprobar   to prove, verify
comprometer   to compromise; to commit
común *m or f*   common, ordinary, customary
comunal *m or f*   communal
comunidad   community; commonness
comunismo   communism
comunista *m or f*   communist
concebir   to conceive
conceder   to concede
concentración   concentration
concentrar   to concentrate
concepto   concept
concesión   concession, grant
conciencia   conscience; consciousness
concierto   concert; agreement
concluirse   to conclude, come to an end
concha   seashell, shell
condenar   to condemn
condominio   condominium
conducir   to conduct, lead
conducta   conduct, behavior
condujo *pret of* **conducir**

conectar   to connect, join
confesar   to confess, admit
confianza   confidence, trust
conflicto   conflict, struggle
confundir   to confuse, confound
congestionado,-a   congested, crowded
conjunto   group, system, aggregate
conocer   to know, be acquainted with
conocido,-a   known, well-known
conocimiento   knowledge, skill
conquista   conquest, conquering
conquistador,-a   conqueror;
   adj conquering
conquistar   to conquer, subdue
consagrar   to consecrate, hallow,
   dedicate
consciente   *m or f*   conscious, aware
consecuencia   consequence
conseguir   to attain, get, obtain,
   succeed in
consejero,-a   adviser, counsellor
consejo   advice
conservador,-a   conservative
conservar   to conserve, preserve
considerar   to consider, think over
consistir   to consist, be made up of
consolador,-a   consoling
consolar   to console
constante   *n f*   constant;
   adj constant, continual
constituir   to constitute, make up
construir   to build, construct
consuelo   consolation
consulta   consultation
consultar   to consult
consumir   to consume
consumo   consumption
contacto   contact
contaminado,-a   contaminated
contar (ue)   to count; to count on;
   contar con   to depend on, rely on
contemporáneo,-a   contemporary,
   current
contener   to contain
contenido *n*   content

contestar   to answer, respond
contexto   context
continente *m*   continent
continuar   to continue
continuo,-a   continuous
contra   against
contrabandista *m or f*   smuggler
contrabando   contraband, smuggled
   goods
contraer   to contract; to acquire
contrario,-a   contrary, opposed
Contrarreforma   Counter-
   Reformation
contrastar   to contrast, distinguish
contraste *m*   contrast, difference
contratar   to make a contract
contribución   contribution
contribuir   to contribute
control *m*   control
controlar   to control, dominate
convencer   to convince
convenio   agreement, compact
convenir   to suit, fit
convertir   to convert, change
convivencia   act of living together
convivir   to live together
cooperación   cooperation
cooperar   to cooperate, join in
coordinar   to coordinate
copla   couplet, verse
corazón *m*   heart; nerve center
corolario   corollary
corona   crown; monarch
corral *m*   corral, yard
corresponder   to correspond, fit
correspondiente *m or f*
   corresponding
corrida   bullfight
corriente *f*   current; *adj* common,
   current
corrupción   corruption
cortar   to cut
corte *f*   royal court
cosa   thing; matter, affair
cosecha   crop, harvest

cosmopolita *n m f* cosmopolitan;
  adj cosmopolitan
costa coast
costar (**ue**) to cost
costo cost
costumbre *f* custom, habit, tradition
cotidiano,-a everyday, daily
cráneo skull
creación creation
creador,-a creator
crear to create
crecer to grow, increase
creciente *m or f* growing
crecimiento growth
creencia belief
creer to believe
cría raising, breeding, rearing
crimen *m* crime
criollo,-a Creole, person born in the
  colonies of Spanish parents
cristianización conversion to
  Christianity
cristianizar to convert to Christianity
criterio criterion
crítica criticism
criticar to criticize
crítico,-a critic
crónico,-a chronic
cronista *m or f* chronicler, historian
cruce *m* intersection
cruz *f* cross
cruzada crusade
cuadrado,-a square
cual which, as, like; **el** (**la**) **cual** the
  one who, who; **¿cuál?** which?
  which one? what?
cualquier,-a *pron* any, whichever,
  any one
cuando when, whenever
cuanto,-a as much as; *pl* as many
  as; **¿cuánto?** how
  much?, *pl* how many?
cuaresma Lent
cuarto room; **cuarto,-a** *adj* fourth
cubrir to cover

cuchillo knife
cuenta account; **darse cuenta**
  de to realize
cuentista *m or f* writer of short
  stories
cuento story, short story
cuerpo body
cuestión matter, subject, question
cuidado care, caution
cuidadoso,-a careful, cautious
cuidar to care for, take care of
culpa blame, fault
culpar to blame, place guilt
cultivar to grow, farm, develop
cultivo cultivation, farming
culto,-a cultured, sophisticated; *n*
  m cult
cultura culture; politeness
cumbre *f* summit, top, height
cumpleaños *m pl* birthday
cumplir to fulfill, perform, obey
cuna cradle
cuñao *dialect* **cuñado** brother-in-law
cura *m* priest
curado,-a cured
curiosidad curiosity
curioso,-a curious
cursar to follow a course
curso course; degree requirements
cuyo,-a whose

CH

Chaco area of jungle around border
  between Paraguay and Bolivia
chanza *dialect* chance
charlar to chat
che *Argentina* pal, buddy
chicano,-a word used to refer to
  person of Mexican heritage in the
  U.S.
chico,-a youngster, youth;
  adj small
chileno,-a Chilean
choque *m* shock, collision, clash

D

danza   dance (style or type)
daño   harm
dar   to give, render
dársena   harbor, dock
datar   to date, set in time
debatir   to debate, discuss
deber   to owe; must, ought; *n m*   debt, duty, obligation
debido (a)   due (to)
débil   *m or f*   weak
debilidad   weakness
década   decade
decadencia   decadence, decay
decaer   to decay
decididamente   decidedly
decidir   to decide
decir   to say; *n m*   saying; **es decir**   that is to say; **querer decir**   to mean
decisión   decision
decisivo,-a   decisive
declaración   declaration
declarar   to declare
decorado   decoration, adornment
decorativo,-a   decorative
dedicar   to dedicate
defecto   defect
defender   to defend
defensa   defense
definición   definition
definir   to define, outline
defunción   death, demise
dejar   to leave, permit, let
delante   ahead, in front; **por delante**   in front of
demanda   demand
demandar   to demand
demás: lo demás   the rest
demasiado *adv*   too, too much; **demasiado,-a** *adj*   too much
demócrata   *m or f*   democrat
democrático,-a   democratic
demográfico,-a   demographic

demostrar   to demonstrate, show
denominar   to call, give a name to
densidad   density
dentro (de)   in, into, inside (of)
dependencia   dependence
depender (de)   to depend (on)
deponer   to depose
deporte *m*   sport
depositar   to deposit
depósito   deposit
deprimido,-a   depressed
derecho   legal right, privilege, law
derivar   to derive, trace (from the origin)
derribar   to overthrow, tumble, tear down
derrocar   to defeat
derrota   defeat
derrotar   to defeat
desacostumbrar   to break of a habit
desacreditado,-a   discredited
desafiar   to challenge
desafío   challenge, duel; struggle
desagradable   disagreeable
desalentar   to discourage
desaparecer   to disappear
desaprobar   to fail, condemn
desarrollar   to develop, improve
desarrollo   development, evolution
desastre *m*   disaster
desastroso,-a   disastrous, wretched
descansar   to rest
descanso   rest
descender   to descend, come from
descendiente *m or f*   descendent; *adj*   descending
desconfianza   mistrust, suspicion
desconfiar   to mistrust, lack confidence in
desconocido,-a   unknown
descontento   discontent, unhappiness
describir   to describe
descripción   description
descrito   *past part of* **describir**
descubierto,-a   discovered

descubridor,-a discoverer
descubrimiento discovery
descubrir to discover, find
descuidar to neglect, forget
descuido neglect, lack of care
desde since, from, after; **desde hace** for
deseable desirable
desear to want, desire
desempleado,-a unemployed
desempleo unemployment
desenfrenado,-a unchecked, wild
deseo desire, want, wish
desgracia misfortune; **por desgracia** unfortunately
desgraciadamente unfortunately
desierto desert
designado,-a designated, named
desigualdad inequality
desilusionarse to become disillusioned
desligar to loosen, untie
desocupar to vacate; to empty
desorganizar to break up, disperse
desorientado,-a disoriented
despertar (**ie**) to awaken; *refl* to wake up
despojos leavings, debris
desposeído,-a dispossessed
despótico,-a despotic
despreciar to scorn, look down on
después (**de**) after, afterward
destacado,-a outstanding, prominent
destacarse to stand out, be prominent
destinado,-a destined (for)
destino destiny, future, fortune
destrucción destruction
destruir to destroy
desventaja disadvantage
detalle *m* detail
detener to detain, stop
determinar to determine
deuda debt
devenir to become

devolución return
devolver (**ue**) to return
día *m* day; **de día a día** day by day; **hoy día** nowadays
diablo devil
diario,-a daily
dibujar to draw, sketch
dibujo sketch, drawing
dictador,-a dictator
dictadura dictatorship
dictar to teach, lecture
dicho saying; *past part of* **decir**; **lo dicho** what was said
difícil *m or f* difficult, unlikely
dificultad difficulty
dificultar to make difficult
difunto,-a dead person, deceased one
dignidad dignity
digno,-a worthy
dijo *pret of* **decir**
dilema *m* dilemma, difficult choice
dinero money
dios,-a god, goddess
diplomacia diplomacy
diplomático,-a diplomatic; diplomat
dirección direction; address
directo,-a direct
dirigente *m or f* director, leader
dirigir to direct, lead, manage
discriminación discrimination
disminución decrease
disminuir to diminish, decrease
disponibilidad availability
disponible *m or f* available
disposición disposition, inclination
dispuesto,-a disposed, ready
disputar to dispute, fight for
distar to be distant
distinción difference; distinction
distinguir to distinguish, differentiate
distinto,-a distinct; different
distribuir to distribute
diversidad diversity, variety
diversión entertainment, amusement
diverso,-a diverse, various

divertir (**ie**)   to amuse; *refl*   to have fun

dividir   to divide

divulgar   to divulge; to popularize

doble *m*   double; *adj*   twice as much

docena   dozen

dócil *m or f*   tame, docile

doctrina   doctrine

documento   document, paper

dólar *m*   dollar (esp. U.S.)

doméstico,-a   domestic; **animal doméstico**   pet

dominación   domination

dominador,-a   dominating

dominancia   dominance

dominante *m or f*   dominant, domineering

dominar   to dominate

dominio   dominion; control, rule

donde   where, in which; **¿dónde?**   where?

dormido,-a   asleep, sleeping

dormirse   to fall asleep

duda   doubt

dueño,-a   owner, possessor

dulce *adj m or f*   sweet

dulcedumbre *f*   sweetness

duplicar   to duplicate, double

durante   during

durar   to last, go on, endure

E

eclesiástico,-a   of or relating to church

economía   economy

económico,-a   economic, economical

edad   age

edificio   building, edifice

educar   to educate, raise

educativo,-a   educational

efectivo,-a   effective

efecto   effect, result

efectuar   to effect, cause to happen

eficacia   efficiency

eficaz *m or f*   efficient

egipcio,-a   Egyptian

eje *m*   axis; axle

ejemplificar   to exemplify, serve as an example

ejemplo   example; **por ejemplo**   for example

ejercer   to exercise, practice

ejército   army

elaboración   working out, elaboration

elaborar   to decorate; to work out

elección   election; choice

electoral *adj*   electoral, election

elegante *m or f*   elegant, luxurious

elegir   to elect, choose

elemento   element; aspect

elevar   to elevate, raise, increase

eliminar   to eliminate

embargo: sin embargo   nevertheless, however

emperador   emperor

empleado,-a   employee

emplear   to hire, employ

empleo   job

emprender   to undertake, engage in

empresa   enterprise, business

empresario,-a   business person

enajenación   alienation

enamorado,-a   person in love, lover

encabezar   to head, lead

encarcelado,-a   jailed, imprisoned

encender (**ie**)   to light (candle, fire, etc.)

encerrar (**ie**)   to enclose, close up, confine

encima (**de**)   above, on top of; **por encima**   over

encomendero,-a   holder of an **encomienda**

encomienda   Spanish colonial land grant

encontrar (**ue**)   to find, discover; *refl*   to find oneself in a state or condition

encuentro encounter, meeting
endémico,-a endemic
enemigo,-a enemy, opponent
enemistad enmity, hostility, hatred
energía energy
énfasis *m* emphasis, stress
enfermarse to become sick
enfermedad sickness, illness
enfermo,-a ill
enfocar to focus, concentrate
enfrentar to confront, face
engrandecer to glorify, make larger
  or greater
enorgullecer to make
  proud; *refl* to be proud
enorme *m or f* enormous
enriquecer to enrich; *refl* to
  become rich
ensayista *m or f* essayist, writer
ensayo essay; rehearsal
enseñanza teaching
enseñar to teach; to show, point out
entender (**ie**) to understand
entendimiento understanding
entero,-a entire, whole, complete
enterrar (**ie**) to bury
entierro burial, funeral
entonces then; **hasta**
  entonces up to that time
entrada entrance; admission; access
entrar to enter
entre between, among; within
entregar to deliver, hand over
entrenado,-a trained
entrenamiento training
entusiasmo enthusiasm
épico,-a epic, heroic
época epoch, period, age, era
equilibrado,-a balanced
equilibrio balance
equivalente *m or f* equivalent, the
  same (as)
equivaler to be equivalent
erótico,-a erotic, sexual
escala scale

escalar to climb, scale
escapar(se) to escape; to avoid
escarlata scarlet
escasez *f* scarcity, shortage
escena scene; view
esclavo,-a slave
escoger to choose, select
escolar of or relating to school,
  scholastic
escombro ruins, rubble
esconder to hide
escribir to write
escrito,-a *past part of* **escribir**
escritor,-a writer
escritura writing
escuela school
escultura sculpture
ese, esa, esos, esas that, those;
  eso that
esfera sphere; area
esforzarse (**ue**) to make an effort
esfuerzo effort; try
eslabón *m* link (of a chain)
espacio space
espantar to scare, frighten
espanto scare, fright
espantoso,-a scary, frightening
español,-a Spanish
especial *m or f* special
especialización specialization, major
especializarse (**en**) to specialize,
  major (in)
especie *f* species, kind, sort
espectacular *m or f* spectacular,
  notable
espectáculo spectacle, show
esperanza hope
esperar to hope; to wait; to expect
espíritu *m* spirit
espiritual *m or f* spiritual, of the
  spirit
espiritualidad spirituality, fervor
esquela note, notice
esqueleto skeleton
esquina corner

estabilidad   stability
establecer   to establish
establecimiento   establishment
estaca   stake, piling
estadística   statistics
estado   state, condition; political subdivision; *past part of* **estar; los Estados Unidos**   the United States
estadounidense   of or relating to the United States
estallar   to explode
estanciero,-a   owner of an **estancia**   (large ranch)
estaño   tin
este *m*   east
este, esta, estos, estas   this, these; **esto**   this
estela   stele, inscribed stone slab
estética   esthetics; **estético,-a** esthetic
estilo   style, way; **al estilo**   in the manner of
estimular   to stimulate
estímulo   stimulus
estratégicamente   strategically
estrecho,-a   narrow; *n m*   strait
estrella   star
estrictamente   strictly
estructura   structure
estudiante *m or f*   student
estudiantil   of or relating to students
estudiantina   student musical group
estudiar   to study
estudio   study, investigation; studio
etapa   stage; station
eterno,-a   eternal, unending
étnico,-a   ethnic
evadir   to evade, avoid
evitar   to avoid; to shun
exacto,-a   exact, precise
exagerar   to exaggerate
examen *m*   examination, test
examinar   to examine, test
excavar   to excavate

excepción   exception
excesivo,-a   excessive
excitar   to rouse, stir up
exclamatorio,-a   exclamatory
exclusivo,-a   exclusive
exigencia   demand, exigency
exigir   to demand, require, need
exilado,-a   exiled
existencia   existence
existente *m or f*   existing
existir   to exist, be
éxito   success; **tener éxito**   to be successful
éxodo   exodus, emigration
exótico,-a   exotic, foreign, strange
expansión   expansion
expedición   expedition
expensas   expenses; **a expensas de**   at the expense of
experiencia   experience; experiment
experimentar   to experience; to try, experiment
explicación   explanation
explicar   to explain
explícitamente   explicitly
explosivo,-a *adj*   explosive; *n m*   explosive
explotación   exploitation
explotar   to exploit; to work, develop
exportación   export, exportation
exportador,-a   exporting
exportar   to export
expresar   to express
expresión   expression
expropiación   expropriation
expropiar   to expropriate, confiscate
expulsar   to expel, throw out
extenderse (**ie**)   to extend, stretch out
extenso,-a   extensive, extended
exterior *n m, adj m or f*   exterior, outside; **relaciones exteriores**   foreign relations, affairs
extranjero,-a   foreigner, stranger, alien; **el extranjero**   abroad

extremado,-a   extreme

extremaunción   extreme unction, last rites

extremo,-a   extreme

F

fábrica   factory

fabricado,-a   manufactured

fabricar   to manufacture, make

fabuloso,-a   fabled, legendary

fácil *m or f*   easy, likely

facilitar   to facilitate, make easy

factible *m or f*   possible, feasible

factor *m*   factor, element

facultad   faculty, school or college of a university

fachada   façade, front of a building

faja   strip

falta   lack

faltar   to be lacking, be needed

fama   fame, reputation

familiar *n, adj m or f*   familiar, family member

famoso,-a   famous, well-known

fantasma *m*   ghost

farmacia   pharmacy, drug store

fascinar   to fascinate, enchant

fatalismo   fatalism, determinism

favor *m*   favor; **por favor**   please

favorable *m or f*   favorable, in favor of

favorecer   to favor, promote

favorito,-a   favorite, preferred

femenino,-a   feminine

femineidad   femininity

feminista *m or f*   feminist

fenómeno   phenomenon

feria   fair, carnival

ferretería   hardware store

ferrocarril *m*   railroad

fértil *m or f*   fertile

fertilidad   fertility, fecundity

festejar   to celebrate

festivo,-a   festive, gala

feudalismo   feudalism, medieval economic system

fiel *m or f*   faithful, loyal

fiera   beast

fiesta   party, celebration, holiday, festival, feast

figura   figure; image

figurar   to figure in, show up

figurativo,-a   figurative, symbolical

filología   philology, historical study of language

filólogo,-a   philologist

filosofía   philosophy

filosófico,-a   philosophical

filósofo,-a   philosopher

fin *m*   end; **a fin de**   in order to, with the motive of; **a fines de**   at the end of; **al fin**   finally, in the end

financiar   to finance, fund

financiero,-a *adj*   financial; financier, supporter

firmar   to sign

físico,-a   physical

flojo,-a   loose, lazy

flor *f*   flower

florecer   to flourish; to flower

florecimiento   flowering, flourishing

florido,-a   flowery; choice, select

flotar   to float

fluir   to flow

fluvial *adj*   of a river, river

fogón   fire

fomentar   to foment; to develop, further

fondo *n*   bottom, base; *pl*   funds

fonético,-a   phonetic

forma   form, shape

formación   formation, shaping

formalizado,-a   formalized

formar   to form, shape, make up

formativo,-a   formative

formular   to formulate

fortuna   fortune, luck

forzado,-a   forced

fracasar to fail
fracaso failure
francés,-a French
Francia France
frase *f* phrase, sentence
fraternidad fraternity, brotherhood
fraudulento,-a fraudulent, phony
frecuencia frecuency; **con frecuencia** frequently
frecuentar to frequent
frecuente *m or f* frequent
frente *m* front; **al frente de** in charge of; **frente a** in the face of
fresco,-a cool, fresh
frontera border, frontier
fronterizo,-a of or relating to frontier
frustración frustration
frustrar to frustrate
fruta fruit
frutería fruit store or stand
fuente *f* fountain, source; spring (of water)
fuera (de) outside of, besides
fuere: sea cual fuere whichever it may be
fuerte *m or f* strong
fuerza force, strength; **por la fuerza** by force
función function; performance
funcionamiento functioning
funcionar to function, work, perform
funcionario,-a functionary, official
fundación foundation, founding
fundador,-a founder
fundar to found, establish
fundirse to fuse, blend
funerario,-a funereal, of or relating to funerals
fútbol *m* soccer, football
futuro future; *adj* future, coming

G

galería gallery
gallego,-a Galician

gana desire; **con ganas** willingly
ganadero,-a of or relating to cattle raising; *n* cattleman
ganado cattle
ganancia profit
ganar to earn, win, gain
garantía guarantee
garantizar to guarantee, assure
gasolina gasoline
gastar to spend
gasto expense, expenditure
gaucho Argentine cowboy
generación generation, time period
generador,-a creator
general *m or f* general; **por lo general** generally
genérico,-a generic, general
género type, kind
generoso,-a generous
gente *f* people
geografía geography
geográfico,-a geographical
germánico,-a germanic
germen *m* seed
gitano,-a gypsy
gloria glory, fame
glorioso,-a glorious
gobernador,-a governor, one who governs
gobernar to govern
gobierno government
golpe *m* blow, coup
gorra cap, hat
gótico,-a gothic
gozar to enjoy
gracia grace; **gracias** thanks
grado grade, title, degree
graduado,-a graduate
gramática grammar
gran, grande great, large, vast
grandeza greatness, vastness
gratis *adv* free
gratuito,-a free
grave *m or f* serious
gravedad seriousness, gravity

gregario,-a   gregarious, out-going
griego,-a   Greek
gris *m or f*   gray
grito   shout, yell
grueso,-a   thick
grupo   group
guardar   to guard, keep
guerra   war
guerrero,-a   warrior, fighter
guerrilla   skirmish; party of
  guerrilleros
guerrillero,-a   guerrilla fighter
gustar   to please, be pleasing to
gusto   taste; pleasure; **a gusto**   at
  ease

H

haber *auxil verb*   to have; **hay**   there
  is, there are
hábil *m or f*   able, capable, skillful
habitante *m or f*   inhabitant
habitar   to inhabit, dwell
hábito   habit
habla *f*   speech, language; **de habla
  española**   Spanish-speaking
hablar   to speak, talk
hacer   to do, make; **hace cinco
  años**   five years ago; **hace un
  mes que**   for a month
hacia   toward; around
hacienda   ranch
hallar   to find
hambre *f*   hunger
hasta   until, up until; even
hay   there is, there are
hectárea   hectare (10,000 sq. meters)
hecho   deed, fact; *past part
  of* **hacer; de hecho**   in fact
hemisferio   hemisphere
heredar   to inherit
heredero,-a   heir, heiress, inheritor
herencia   inheritance, legacy

hermano,-a   brother, sister
hermoso,-a   beautiful
hermosura   beauty
hervir   to boil
heterodoxo,-a   heterodox, varied,
  unorthodox
heterogéneo,-a   heterogeneous
hidráulico,-a   hydraulic, moved or
  operated by water pressure
higiene *f*   hygiene, sanitation
hijo,-a   son; daughter
  child; *pl*   children
hincapié *m*   stamping; **hacer
  hincapié en**   to emphasize
hipócrita *m or f*   hypocrite
historia   history; story
historiador,-a   historian
histórico,-a   historical
hogar *m*   home, hearth
holandés,-a   Dutch, Dutch person
hombre *m*   man; mankind
homogéneo,-a   homogeneous
hondo,-a   deep
honrar   to honor
hora   hour; time; **¿qué hora es?
  ¿qué horas son?**   what time is it?
hostil *m or f*   hostile
hoy   today
huelga   labor strike
hueso   bone
huir   to flee
humanidad   humanity, mankind
humanitario,-a   humanitarian,
  humane
humano,-a   human
humilde *m or f*   humble, simple
hundirse   to be submerged

I

ibérico,-a   Iberian
ida   going, outward trip; **de ida y
  vuelta**   round trip
identidad   identity

identificación identification
identificar identify
ideográfico,-a ideographic
ideología ideology
ideológico,-a ideological
idioma *m* language
iglesia church
igual *m or f* equal; **igual que** like
igualado,-a equalled
igualdad equality
igualitario,-a egalitarian
ilustrado,-a illustrated
ilustre *m or f* illustrious, famous
imagen *f* image; appearance
imaginar to imagine
imán *m* magnet; attraction
imitar to imitate
impedir (i) to impede, stop
imperio empire
implicación implication, meaning
implicar to imply, implicate
implícito,-a implicit
imponer to impose
importación importation
importador,-a importer
importancia importance
importante *m or f* important
importar to import; to matter; **no importa** it doesn't matter
impresionante *m or f* impressive
impresionar to impress, make an impression
impuestos *pl* taxes
impulso impulse, urge
inaceptable *m or f* unacceptable
inapropiado,-a inappropriate
inaudito,-a unheard of, strange
inaugurar to inaugurate, dedicate
incaico,-a Incan, of or relating to Incas
incapacidad inability, lack of skill
incapaz *m or f* incapable, unable
inclinación inclination, tendency
incluir to include
incluso,-a including

incomodar to make uncomfortable, bother, upset
incómodo,-a uncomfortable, uneasy
incorporar to incorporate
increíble *m or f* incredible, unbelievable
indebido improper
independentista *m or f* person who is in favor of or fights for independence; of or relating to independence
Indias Indies, original name given to the New World
indicar to indicate, point out
índice *m* index
indicio indication, sign, mark
indígena *m or f* indigenous, native; (Amer.) Indian
indio,-a Indian
indiscutible unquestionable
individuo *n* individual
indudablemente undoubtedly
industria industry
industrializado,-a industrialized
ineficaz *m or f* inefficient
inegable *m or f* undeniable
inestabilidad instability
inevitable *m or f* inevitable, unavoidable
infancia infancy, childhood
inferior *m or f* inferior; lower
infierno inferno; hell
inflación inflation
influencia influence
influenciar to influence
influir to influence
informar to inform; to shape
infrecuente *m or f* infrequent, seldom
ingeniería engineering
ingeniero,-a engineer
Inglaterra *f* England
inglés,-a English
ingresar to enter
ingreso entrance; admission, income

iniciar to begin, initiate
injusto,-a unfair, unjust
inmediato,-a immediate; **de inmediato** immediately
inmenso,-a immense, large
inmigración immigration
inmigrante *m or f* immigrant
innecesario,-a unnecessary
innovación innovation
inquisición inquisition, hearing
inseguridad insecurity, uncertainty
insistir to insist
inspirar to inspire
institución institution
instituto institute
instrucción instruction; schooling
insultar to insult
insulto insult
integración integration
intelecto intellect
intelectualidad intellectuality
inteligencia intelligence
inteligente *m or f* intelligent
intencionado,-a intentioned
intensificar to intensify
intensivo,-a intensive, intense
intenso,-a intense, concentrated
intercambio exchange, interchange
interés *m* interest; stake
interesante *m or f* interesting
interesar to interest, be interesting
interino,-a interim, temporary
interno,-a internal, inner
interpretar to interpret
interrupción interruption
intervención intervention
intervenir to intervene, to interfere
intimidar to intimidate
íntimo,-a intimate
intrigar to intrigue, arouse interest
introducir to introduce, insert
inundación flood
inútil *m or f* useless
invadir to invade
invasión invasion, attack

invencible *m or f* invincible, unbeatable
inventar to invent; to create
invento invention
inversión investment
invertir to invest
investigación investigation
investigar to investigate
invitar to invite
irónico,-a ironical, sarcastic
irrigación irrigation
isla island
islámico,-a Islamic, Moorish
istmo isthmus
izquierdista *m or f* leftist
izquierdo,-a left; *n f* the left (political or direction)

J

jactarse to brag, boast
jamás never
jardín *m* garden; yard
jarope *m* syrup
jefe *m* chief, boss, leader
jeroglíficos hieroglyphics
jesuita *m* Jesuit
jornada working day
joven *m or f* young; youthful person
juego game
jugar (**ue**) to play (a game or sport)
juguete *m* toy
juntar to join; *refl* to join with, ally with
junto,-a together; **junto con** along with, together with
jurisdicción jurisdiction; territory
jurisprudencia jurisprudence, law
justicia justice
justificar to justify, explain
justo,-a just, fair
juvenil *m or f* juvenile, or or relating to youth
juventud *f* youth; young people

juzgado   court of justice;
   juzgado,-a   person judged
juzgar   to judge, adjudicate

L

labio   lip
laboratorio   laboratory
labrar   to carve (wood); to work
   (iron)
lado   side; **por todos lados**   on all
   sides, everywhere
ladrillo   brick
lago   lake
laguna   lagoon, small lake
lamentar   to lament, regret
lana   wool
largo,-a   long
lástima   pity
laúd *m*   lute
lavar   to wash
lazo   tie, bond; lariat
lealtad   loyalty
lectura   reading
lechería   milk store, dairy
leer   to read
legalidad   legality
legalmente   legally
legislativo,-a   legislative
legumbre *f*   vegetable
lejano,-a   distant, far
lejos *adv*   far away, far
lema *m*   motto, slogan
lengua   language; tongue
lento,-a   slow
letra   letter (of the alphabet);
   pl   letters; literature
letrero   sign, poster
levantar   to raise; *refl*   to get up, rise
   up
leve *m or f*   gentle, light
ley *f*   law; *pl*   law studies
leyenda   legend
liberar   to free, liberate
libertad   freedom, liberty

libre *m or f*   free
libro   book
licenciado,-a   attorney; used also as
   equivalent of Master's Degree in
   other fields
liceo   lyceum, high school
líder *m*   leader
ligado,-a   tied, attached
ligero,-a   light (weight, food,
   clothing, etc.)
limitarse   to be limited
límite *m*   limit, boundary
limpiar   to clean
linaje *m*   lineage, ancestry
linchamiento   lynching
línea   line
lingüístico,-a   linguistic; *n*
   f   linguistics
lino   linen
lirismo   lyricism
lista   list, roll
listo,-a   ready
literal *m or f*   literal, to the letter
literario,-a   literary
literatura   literature
liviano,-a   of light weight
lobo   wolf
lodo   mud
lograr   to achieve, get, manage to
logro   achievement, accomplishment
Londres   London
loza   pottery, clay
lucha   struggle, fight, conflict
luchar   to struggle, fight
luego   then; later, afterward;
   presently
lugar *m*   place; **en lugar de**   instead
   of; **lugar común** *m*   commonplace,
   cliché; **tener lugar**   to take place
lujo   luxury
luna   moon
lustro   lustrum, period of five years
luto   mourning; **guardar** *or* **llevar**
   luto   to be in mourning
luz *f*   light

LL

llama   llama
llamar   to call; *refl* to be called, named
llegada   arrival
llegar   to arrive; **llegar a ser**   to come to be
llenar   to fill
lleno,-a   filled, full
llevar   to carry; to wear; to take, lead to
llorón,-a   whiner; *f* legendary ghost, used to scare children as is "the bogeyman"
lluvia   rain

M

machismo   virility, manliness
madera   wood
madre *f*   mother; **madre patria**   motherland, mother country
madrileño,-a   person or thing from Madrid
maduro,-a   mature
maestro,-a   teacher, instructor
magnífico,-a   magnificent
maíz *m*   corn, maize
mal *adv*   badly, poorly; *n m*   evil
malcriado,-a   ill-mannered
malo,-a   bad, evil; sick
mandar   to order, send
mandato   command, mandate
mando   rule, command
manera   way, manner; **de manera que**   so that, so as to
manifestación   manifestation, demonstration
manifestar   to show, manifest
manifiesto,-a   manifest, evident
mano *f*   hand; *fig* control; **a manos de**   at the hand of; **en manos de**   in the hands of, controlled by; **mano de obra**   workers
mantener   to maintain, support, keep
manual *m*   manual, handbook; *adj m or f*   manual, by hand
maquinaria   machinery
mar *m or f*   sea, ocean
maravillarse   to marvel at
maravilloso,-a   marvelous, awesome
marca   brandname
marcar   to mark, stamp; to note
marcha   march
margen *m*   margin, edge
marido   husband
marina *n*   navy
marinero,-a   sailor
masa   mass
masculinidad   masculinity
masculino,-a   masculine, male
matanza   killing, slaughter
matemática *usually pl*   mathematics
materia   subject, matter, topic; **materia prima**   raw material
materno,-a   maternal
matrícula   registration (in school)
matricularse   to register in school
matrimonio   matrimony, marriage
mausoleo   mausoleum, burial structure
mayor   larger, greater; **el (la, los, las) mayor(es)**   the largest, greatest; older, oldest
mayorazgo   primogeniture, practice of leaving family goods to the oldest son
mayoría   majority
mecánica   mechanics
mecanismo   mechanism, device
mecanizado,-a   mechanized
mediados: a mediados de   about the middle of, midway
mediano,-a   medium
mediante   by means of, through
médico,-a   doctor of medicine

medida   measure; means

medio,-a *n m*   half, mid-, middle; means, way; **en medio de**   in the midst of; **por medio de**   by means of

mediodía *m*   noon, midday

medir (i)   to measure

mejor   better; **el (la, los, las) mejor(es)**   the best

mejora   improvement, betterment

mejorar   to improve, better

melancólico,-a   melancholic, sad

mencionar   to mention, name

menor   smaller, younger, less; **el (la, los, las) menor(es)**   the smallest, youngest

menos *adv*   less, minus; **al menos**   at least; **por lo menos**   at the least; **más o menos**   more or less; **menos que** *or* **de**   less than

mentira   lie

mercado   market

mercancía   merchandise

merced *f*   grant, favor, gift

merecer   to deserve

mes *m*   month

mesa   table; mesa, land plateau

metal *m*   metal

meterse   to go into, get into

método   method

metro   meter (39.37 in.)

mezcla   mixture, mix

mezclado,-a   mixed

mezclarse   to mix into, take part

miedo   fear

miembro   member

mientras (que)   while, as long as

migración   migration

migrar   to migrate

mil *m*   a thousand

militar *m or f*   military

milla   mile

millón *m*   million

mina   mine

mineral *adj, n m*   mineral

minero,-a   mining; miner

miniatura *n*   miniature

mínimo,-a   minimum

ministro   minister (of government)

minoría   minority

mirar   to look at

misa   mass

misión   mission

misionero,-a   missionary

mismo,-a   same, equal; **él mismo**   he himself; **lo mismo**   the same thing

misterio   mystery

misterioso,-a   mysterious

místico,-a   mystic, mystical

mitad *f*   half, middle

mito   myth

moda   fashion, mode; **de moda**   in style, fashionable

modelo   model, pattern; *m or f*   fashion model

modernidad   modernity

moderno,-a   modern

modificación   modification, change

modificar   to modify, change, adjust

modo   way, manner; **de modo que**   so that, in order that

mojado,-a   wet; wetback

molesto,-a   annoying, bothersome

momento   moment

monarca *m or f*   monarch, king, queen

monarquía   monarchy

monasterio   monastery

monetario,-a   monetary

monopolio   monopoly

monopolístico,-a   monopolistic

montado,-a   mounted; **montado a caballo**   on horseback

montaña   mountain

monumento   monument

moralidad   morality

mórbido,-a   morbid

morir (ue)   to die

moro,-a   Moor; Moorish

mortal   mortal, fatal

mortalidad   mortality, death rate
mosca   fly; **mosca muerta**   one who pretends meekness; hypocrite
mostrar (**ue**)   to show; to prove
motivo   motive, reason; impulse; motif
mover (**ue**)   to move (something); *refl*   to move
móvil *m or f*   mobile, movable
movilidad   mobility
movimiento   movement
muchacho,-a   boy, girl
mucho,-a   much, a lot; *pl*   many
mudarse   to move, change lodging
muerte *f*   death, demise
muerto,-a   dead; dead person
muestra   sign, sample
mujer *f*   woman, female
multinacional   multinational
mundial   of the world, world-wide
mundo   world; **el Nuevo Mundo**   the New World, the western hemisphere
muralista *m or f*   muralist
museo   museum
música   music
musulmán,-a   Mussulman, Moslem
mutuo,-a   mutual

N

nacer   to be born
nacido,-a   born
nacimiento   birth
nación   nation
nacional *m or f*   national
nacionalidad   nationality
nacionalismo   nationalism
nacionalista *m or f*   nationalist
nada   nothing, anything, nothingness
nadie   no one, nobody
natalidad   birth, birth rate
nativo,-a   native
naturaleza   nature

navaja   razor; knife
Navidad   Christmas
necesario,-a   necessary
necesidad   necessity
necesitar   to need
necio,-a   foolish
negar(**ie**)   to deny
negativo,-a   negative
negocio   business deal; *pl*   business
nepotismo   nepotism
neutralidad   neutrality
nevado,-a   snow-covered
nicho   niche, recess
ningún, ninguno,-a   no, none, not any
niño,-a   child, little boy, girl
nivel *m*   level
noble *m*   nobleman
nocturno,-a   nocturnal, night
noche *f*   night
nómada *m or f*   nomadic
nombramiento   nomination, naming (to a position)
nombrar   to name; to nominate
nombre *m*   name; noun; reputation
nopal *m*   prickly-pear cactus
normal: escuela normal   school for training teachers
noroeste *m*   northwest
norte *m*   north
norteamericano,-a   North American (used for a person or thing from the United States)
notable *m or f*   notable, noteworthy
notar   to note, take note of
noticia   notice; *pl*   news
novela   novel
novelista *m or f*   novelist
noveno,-a   ninth
nube *f*   cloud
núcleo   nucleus
nuestro,-a   our
nuevo,-a   new
número   number
numeroso,-a   numerous
nunca   never, not ever

O

obedecer   to obey
obispo   bishop
objeto   object
obligación   obligation, duty
obligado,-a   obliged
obligar   to oblige; obligate
obligatorio,-a   obligatory, required
obra   work; labor
obrar   to work, toil
obrero,-a   worker
observador,-a   observer
observar   to observe, watch
observatorio   observatory
obsesión   obsession
obsesionar   to obsess; *refl* to
  become obsessed
obstaculizado,-a   impeded
obstáculo   obstacle, barrier
obstante: no obstante   nevertheless,
  notwithstanding
obtener   to obtain, get
obvio,-a   obvious
ocasión   occasion
occidental   occidental, western
occidente *m*   the West
océano   ocean
octavo,-a   eighth
ocupar   to occupy, hold
ocurrir   to occur, happen
ochenta   eighty
oeste *m*   west
ofender   to offend
ofensa   offense, crime
ofensivo,-a   offensive
oferta   offer
oficina   office, workshop
oficio   trade, task, business
ofrecer   to offer
ofrenda   offering, gift
ofrendar   to offer up
oído,-a   heard
olvidarse (de)   to forget
operar   to operate; to fund

opinión   opinion
oponerse   to oppose, be opposed to
oportunidad   opportunity
oposición   opposition
opresión   oppression
opuesto,-a   opposed; opposite
oración   sentence
orden *m*   order
ordinario,-a   ordinary
organización   organization
organizador,-a   organizer
organizar   to organize
órgano   organ; medium
orgullo   pride
orientación   orientation, direction
oriental *m or f*   oriental, eastern
oriente *m*   the East
origen *m*   origin
originalidad   originality
originarse   to originate
ornamentación   ornamentation,
  decoration
oro   gold
ortodoxo,-a   orthodox
oscurecer   to get dark, darken,
  obscure
oscuro,-a   dark, obscure
ostentar   to show
otorgar   to grant, give, donate
otro,-a   another, other, the other

P

paciencia   patience
pacífico,-a   peaceful, gentle
padre *m*   father; priest; *pl* parents
padrino,-a   godfather, godmother;
  pl godparents
pagar   to pay
pago   payment
país   country, nation
palabra   word, term
palacio   palace
pampa *Arg*   plain

pan *m*   bread, loaf of bread
panadería   bread store, bakery
panteón *m*   pantheon
Papa *m*   Pope
papel *m*   paper; role
papelería   stationery shop
para   for, in order to, towards, by;
    para que   so that
parada   stop (train, bus, etc.)
paraíso   paradise
parar   to stop; to stay
parcela   parcel, piece
parcial *m or f*   partial, part
parecer   to seem, look as if
parecido,-a   similar, alike
pared *f*   wall
pariente,-ta *m or f*   relative, relation
parlamentario,-a   parliamentary
parque *m*   park
parquear   to park (a car)
párrafo   paragraph
parroquial   parochial
parte *f*   part, portion; place; **de parte
    de**   on behalf of; **por parte de**
    on the part of; **todas
    partes**   everywhere
participación   participation
participar   to participate
particular *m or f*   private, personal,
    particular
partida   certificate (of birth, etc.)
partidario,-a   partisan, supporter
partido   political party; game, match;
    group
parto   childbirth
párvulo,-a   small child, pre-school
    child
pasado,-a   past; *n* past
pasante *m or f*   passing
pasar   to pass, go, pass through, go
    over to, come to; to spend (time)
pasear   to stroll, take a walk, drive
paseo   stroll, walk; drive, ride
pasivo,-a   passive, inactive
paso   step; mountain pass

paterno,-a   paternal, fatherly
patio   patio, yard, courtyard
patológico,-a   pathological
patria   native country, fatherland;
    madre patria   motherland
patriarcal *m or f*   patriarchal
patrimonio   patrimony, inheritance
patriota *m*   patriot
patrón,-a   patron(ess), boss
paz *f*   peace
peatón *m*   pedestrian, walker
pecado   sin
pedagógico,-a   pedagogical
pedazo   piece, shred
pedir (i)   to ask for, request, solicit
pegarse un tiro   to shoot oneself
pelea   fight, quarrel
peligro   danger
peligroso,-a   dangerous
pena   pain, sorrow; **bajo pena**   under
    threat; **en pena**   in purgatory
peninsular *adj m or f*   (thing or
    person) of the peninsula
penoso,-a   sorrowful
pensamiento   thought
pensar (ie)   to think; to intend
pensión   boarding house
peor   worse; **el (la, los, las)
    peor(es)**   the worst
pequeño,-a   small
perder (ie)   to lose
pérdida   loss
perfecto,-a   perfect
periódico   newspaper
período   period (of time), age, era
perjudicar   to prejudice, damage,
    impair
permanencia   permanence, stay
permanente *m or f*   permanent
permiso   permission; permit
permitir   to permit, allow
perpetuo,-a   perpetual, eternal
perro,-a   dog
perseguir   to persecute; to pursue
persistir   to persist

persona person
personaje *m* personage, literary character
personalidad personality
perspectiva perspective; prospect
pertenecer to belong, pertain
pesado,-a annoying, heavy
pesar to weigh; **a pesar de** in spite of
pescadería fish market
pesimista *m or f* pessimistic; pessimist
pésimo,-a very bad, worst
peso weight
petición petition, request; **a petición de** at the request of
petróleo oil (crude), petroleum
petrolífero,-a of or relating to oil
peyorativo,-a pejorative, derogatory
pico a bit
pie *m* foot; **a pie** on foot
piedra stone
pintor,-a painter
pintoresco,-a picturesque
pirámide *f* pyramid
piso floor, story; **piso bajo** ground floor
pistola pistol
placer *m* pleasure
plan *m* plan, scheme
plana page
planear to plan
planeta *m* planet
planta plant (*bot*)
plata silver
plato plate; dish; **plato típico** traditional dish
plaza plaza, square; marketplace
plazo term, period; **a largo plazo** long term
población population
poblador,-a settler, colonizer
poblar to populate, settle
pobre poor; *n m or f* poor person; *pl* the poor

pobreza poverty
poco,-a little, scanty; *pl* a few, some; *n m* a little bit; *adv* a little, somewhat, slightly
poder (**ue**) to be able to, can, may; *n m* power, authority
poderoso,-a powerful, strong
poema *m* poem
poesía poetry (*also pl*)
poeta *m* poet
poetisa poetess
polémica polemic, debate
policía *f* police; *n m* policeman
policíaco,-a of or by the police
político,-a political, *n f* politics; *n m* politician
polvareda cloud of dust
polvo dust
poner to put, place; *refl* to become, turn; **ponerse de acuerdo** to reach an agreement
popularidad popularity
popularizar to popularize, make popular
por by, through; for, for the sake of, because of; **por eso** for that reason; **por lo tanto** therefore; **¿por qué?** why?; **por tanto** thus
porcentaje *m* percentage
porción portion, part
porque because, for, as
portarse to behave, act
porteño,-a person or thing from Buenos Aires
pos- *prefix meaning* after
posado,-a posed, perched
poseer possess, have
posesión possession
posibilidad possibility
posición position
posterior *m or f* later, behind, after
postura posture, position
practicar to practice, perform
práctico,-a practical; *n f* practice, act, habit

precio   price
precioso,-a   precious, dear
preciso,-a   necessary
predecir   to predict
predicción   prediction
predominantemente   predominantly
preferencia   preference
preferible *m or f*   preferable
preferir   to prefer
premio   prize, premium
preocupación   preoccupation, worry
preocuparse   to worry
preparación   preparation
preparar   to prepare
prescrito,-a   prescribed
presencia   presence
presentar   to present; to take (exams)
presente *m*   present, present time
preservar   to preserve, maintain
presidencia   presidency
presidencial *m or f*   presidential
presidente,-a   president
presión   pressure
preso,-a   prisoner, captured
préstamo   loan
prestar   to lend
prestigio   prestige
presunción   presumption; conceit
presupuesto   budget
pretendido,-a   pretended; object of
  love
prevalecer   to prevail, dominate
prima: materia prima   raw material
primario,-a   primary, elementary
primer, primero,-a   first; **lo**
  primero   the first thing
primitivo,-a   primitive, early
primo,-a   cousin
primogénito,-a   first-born
principio   principle; beginning; **al**
  principio   at first
prisa   haste; **darse prisa**   to hurry
prisionero,-a   prisoner
privado,-a   private
privilegio   privilege

probar (ue)   to prove; to test
problema *m*   problem
procedencia   origin, source
procedente   coming from
proceder   to come from, originate
procedimiento   procedure, process
procesión   procession, pageant
proceso   process
proclamación   proclamation
proclamar   to proclaim, pronounce
producción   production
producir   to produce
producto   product, result
profesión   profession
profesor,-a   professor, teacher
profesorado   professoriate, group of
  professors
profundo,-a   deep, profound, radical
programa *m*   program; plan of action
progreso   progress, advancement
prohibición   prohibition, forbidding
prohibir   to prohibit, forbid
promedio *n*   average, mean
promesa   promise
prometer   to promise
promover   to promote
promulgar   to promulgate, proclaim
pronosticar   to predict
pronóstico   prediction
pronto *adv*   soon, promptly
pronunciar   to pronounce, speak
propensión   propensity, leaning
propicio,-a   favorable, propitious
propiedad   property
propietario,-a   owner; proprietor;
  landowner
propio,-a   one's own; appropriate
proponer   to propose
proporción   proportion
proporcionar   to provide, make
  available
proposición   proposal, proposition
propósito   purpose, intention
protección   protection
proteger   to protect

protesta protest
protestante protestant
protestar to protest
prototipo prototype, model
proveer to provide, furnish
provenir to arise, originate
provincia province, political division
provisión provision; *pl* supplies
provocar to provoke
proximidad proximity, nearness
próximo,-a next; near
prueba proof; test
publicar to publish; to publicize
público,-a public; *n m* (the) public
pueblo small town; **el pueblo** the
people, nation, citizenry
puente *m or f* bridge
puerto port
puertorriqueño,-a person or thing of
Puerto Rico
pues then, since
puesto,-a put, placed; *n m* job,
position; **puesto que** since
puma *m* puma, American panther
punto point, dot, period; **al punto**
de on the point of; **punto de**
vista point of view
puñado handful, a few
pureza purity
purgatorio purgatory
puro,-a pure

Q

que that, which, who, whom, than;
el (la, los, las) que the one(s)
who; **lo que** that which;
¿qué? what?, which?; **¿para**
qué? what for?; **¿por qué?** why?
quedar(se) to remain, end up; to be
located
quejarse to complain
quemar to burn
querer(ie) to want, love; to try;
querer decir to mean

querido,-a beloved, lover
quien who, whom; **¿quién?** who?;
¿a quién? whom?
quinina quinine
quiosco kiosk, vending stand
quizás perhaps, maybe

R

racial racial
racional rational, reasonable
radical radical, basic
raíz *f* root; basis; **a raíz de** soon
after, hard upon
rancho military mess; hut; *S.W. U.S.*
cattle ranch
rápido,-a rapid, fast
raro,-a rare, strange
rascacielos *m* skyscraper
rasgo trait, characteristic
raso,-a flat, clear; **soldado**
raso enlisted man, foot soldier,
soldier of low rank
rastro trace, trail
rato (a) little while, short time
rayo ray; lightning bolt
raza race; cultural group or people
razón *f* reason; **con razón** with
reason, rightly; **sin razón** without
reason, wrongly
reacción reaction
reaccionar to react
real *m or f* royal
realidad reality
realizado,-a realized, brought to
fruition, fulfilled
reata rope
rebelarse to rebel, rise up
rebelde *m or f* rebel
rebelión rebellion
recelo suspicion, misgiving
recibir to receive, get
recién, reciente *adv* recent
reclamación claim, demand

reclamar to claim, demand, complain
recomendar (ie) to recommend
recompensar to compensate, repay
recóndito,-a obscure, concealed
reconocer to recognize
reconocimiento recognition
reconquista reconquest
reconquistar to reconquer, retake
reconstruir to reconstruct, rebuild
recordar (ue) to remember, remind
recreacional recreational
recreativo,-a recreational
recto,-a straight; **ángulo recto** right angle
recuerdo memory, reminder, remembrance
recurrir to recur, happen again
recurso resource
rechazar to reject, turn down
rechazo rejection, rebuff
redistribución redistribution
reducir to reduce
reemplazar to replace, substitute
referirse (ie) to refer to, have relation to
refinado,-a subtle, polished, refined
refinar to refine, purify
reflejar to reflect
reflejo reflection
reforma reform; Reformation; **reforma agraria** redistribution of land (in Spanish America)
reformar to reform, remodel
reformista *m or f* reformer, person or thing favoring reform
reforzar (ue) to reinforce, strengthen
refrescarse to cool off
refugiarse to take refuge
regado,-a sprayed, irrigated
regar to irrigate, spray
régimen *m* regime, political system
región region, area
regir (i) to rule, govern
regla rule, principle
regresar to return

regreso return
rehusar to refuse, decline
reina queen
reinar to reign, rule, govern
reino kingdom; reign
relación relation, relationship
relacionar to relate; *refl* to be related, connected
relatividad relativity
relativo,-a *adj* relative
relegado,-a relegated; banished
religiosidad religiosity, religiousness
religioso,-a religious
remoto,-a remote
renacimiento rebirth
rendirse (i) to surrender, give in to
renovador,-a *n* renovator; *adj* renovating
renta income, profit
renunciar to renounce
repatriar to repatriate, return to one's country of origin
repente: de repente suddenly
repetir (i) *n* to repeat, do again
representante *m or f* representative
representar to represent
represión repression
reproducir to reproduce, recreate
república republic
requerir (ie) to require, need
requisito requirement
rescate *m* ransom, ransom money
resentido,-a resentful, offended
reserva reserve
reservado,-a reserved, held back
residente *adj m or f* residing
residir to reside
resina resin
resistencia resistence
resistir to resist
resolver (ue) to resolve; to solve
respectivamente respectively
respeto respect
responder to respond, answer
responsabilidad responsibility

responsable responsible
respuesta reply, answer, response
restaurante *m* restaurant
restaurar to restore
resto rest, remainder; *pl* remains
restringir to restrain, restrict
resultado result
resultante *m or f* resulting
resultar to result, turn out
resumir to summarize
retener to retain, hold
retornar to return, come back
reunión meeting, reunion, gathering
reunirse to meet, gather
revelar to reveal, show
revista magazine, review
revolución revolution; revolt
revolucionario,-a revolutionary
rey *m* king, monarch
rico,-a rich; delicious
riego irrigation
riesgo risk
río river
riqueza riches, richness
ritmo rhythm
rito rite
ritual ritual, ceremony
robar to rob, steal
robo robbery
rodear to surround; to round up
rodeo rodeo, round-up
romanizar to romanize, make like Rome
romano,-a Roman, esp. of ancient Rome
romántico,-a romantic; idealistic
ropa clothing, clothes
rosa rose
rueda wheel
ruido noise
ruidosamente noisily
ruina ruin
rumano,-a Romanian
ruso,-a Russian
ruta route, way

S

saber to know, know how (to); to find out
sabiduría knowledge, wisdom
sabio,-a wise; wise person
sabor *m* taste, flavor
sacar to take out, remove
sacerdocio priesthood
sacerdote *m* priest
sacrificar to sacrifice
sacrificio sacrifice
sagrado,-a sacred, holy
saguaro a type of cactus
sajón,-a Saxon
sala room, salon, hall
salario salary
salida exit, way out
salir to leave, go out, come out
salud *f* health
saludable *m or f* healthy
salvación salvation
salvar to save
San, Santo,-a Saint
sangre *f* blood
santero,-a maker of images of saints
satisfacer to satisfy
satisfactorio,-a satisfactory
sección section
secretariado secretariat
secretario,-a secretary
secreto *n* secret
secuestrar to kidnap, abduct
secuestro kidnapping, abduction
secundario,-a secondary
sede *f* seat, headquarters
sedentario,-a sedentary, settled
segregación segregation
seguir (i) to follow; to continue, keep on
según according to
segundo,-a second
segundón *m* second son
seguridad security; certainty; **con seguridad** with certainty, surely

seguro,-a sure, safe
selección selection, choice
semana week
semejante *m or f* similar
semejanza similarity
semilla seed
senado senate
sencillo,-a simple
sensual *m or f* sensual, relating to the senses
sentido sense, meaning
sentimiento sentiment, feeling, sense
sentir(se) (ie) to feel, feel like
señalar to signal; to mark, stamp
señor Mr.; sir
señora Mrs.; madam
señorío lordship, domain
señorita Miss, young lady
separación separation
separado,-a separate; **por separado** separately
separar to separate
separatismo separatism, secessionism
separatista *m or f* separatist, secessionist
sepulcro sepulchre, tomb
sepultura grave, burial place
ser to be; **a no ser** except; *n m* being, human being
serie *f* series
serio,-a serious; **tomar en serio** to take seriously
serpiente *f* serpent
servicio service
servir (i) to serve; **servir (de)** to serve as
severo,-a severe, harsh
sexo sex
sexto,-a sixth
sicología psychology
sicológico,-a psychological
sicólogo,-a psychologist
siempre always, ever
sierra mountain range

siesta nap, mid-day rest
siglo century, age
significado meaning
significar to mean, signify
siguiente *m or f* following, next
silencio silence
simbólico,-a symbolic
simbolismo symbolism
simbolizar to symbolize
símbolo symbol
simetría symmetry
simpatía support, fellowship
simpático,-a congenial, likeable
simple simple; mere; silly
sin without; **sin embargo** however, nevertheless
sinceramente sincerely
sindical *m or f* relating to a union
sindicato labor union
sino but, but rather, but also, except
sinónimo synonym
sintetizar synthesize, summarize
sistema *m* system
sitio site, place
situación situation
situar to situate, locate
soberanía sovereignty
sobre over, on, above; about; towards; **sobre todo** above all
sobrenatural *adj m or f* supernatural
sobresaliente *m or f* excellent, outstanding
sobresalir to excel
sobrevivir to survive
sobrino,-a nephew, niece
sociedad society
sociólogo,-a sociologist
sol *m* sun
solamente only
solar *m or f* solar, of or relating to the sun
soldado soldier
soleado,-a sun-drenched
soledad solitude, loneliness
solemne solemn, holy

soler (**ue**) to be in the habit of, used to, accustomed to
solidaridad solidarity
solitario,-a solitary, lonely
solo,-a alone; only, sole; **sólo** only
solución solution
someterse to submit oneself
soneto sonnet
soñar (**ue**) to dream
sor *relig* sister
sorprender to surprise
sosiego tranquility, quietness
sospecha suspicion
sostener to sustain
soviético,-a Soviet
suavidades lullabies
subcultura sub-culture
súbdito,-a subject (as of a king)
subir to rise; to go up; to raise
subsuelo subsoil
subterráneo,-a subterranean, underground
suburbano,-a suburban
subyugación subjection
subyugado,-a subjugated
sueldo salary, wages
suelo soil, ground, earth
sueño dream
suerte *f* luck, fortune
suficiente *m or f* sufficient, enough
sufrir to suffer; to undergo
sugerir (**ie**) to suggest
suicidarse to commit suicide
suicidio suicide
suma sum, total; **de suma importancia** very important; **en suma** in short, summary
sumar to add, total
superar to surpass
superior *m or f* superior, higher
supermercado supermarket
superstición superstition
supervivencia survival
supresión suppression
suprimir to suppress

sur *m* south
sureño southern
sureste *m* southeast
surgir to break out, come forth
suroeste *m* southwest
suspender to suspend; to discontinue
suspensión suspension, interruption
sustantivo substantive; noun
sustento sustenance
sustituir to substitute
sutil subtle

T

tabaco tobacco
tabaquería tobacco shop
tabú *m* taboo
taco *Mexico* type of sandwich made with a tortilla
táctica tactics, policy, way of operating
tal such, so, as; **tal vez** perhaps; **un** (**el**) **tal** a certain
talento talent
tamaño size
también also, in addition, too
tampoco either, neither
tan so, as
tango dance which originated in Argentina, tango
tanto,-a so much, as much; *pl* so many, as many
tardar to delay; be late, take a long time
tarde *f* afternoon; *adv* late; **más tarde** later
tardío,-a late
tarea task, homework
tasa rate
teatro theater
técnica technique
técnico,-a technical
tecnología technology
tecnológico,-a technological

techo   roof; ceiling
teja   tile (of clay)
tejedor,-ra   weaver
tejer   to weave
tejido   woven cloth, textile
tela   cloth
tema *m*   theme
temblor *m*   earthquake, tremor
temer   to fear, be afraid
temor *m*   fear
templo   temple
temprano,-a   early;
   temprano *adv*   early, early on
tendencia   tendency
tender   to tend to, have a tendency
   toward
tener   to have, possess, hold; **tener**
   que   to have to
tensión   tension, strain
tenso,-a   tense
tentativa   attempt, try
tenue *m or f*   tenuous, delicate,
   subtle
teología   theology
teoría   theory
teórico,-a   theoretical
teorista *m or f*   theorist
teorizar   theorize
tercer, tercero,-a   third
tercio   one-third
terminar   to end, terminate, finish
término   term
terminología   terminology
terrenal *m or f*   earthly
terreno   parcel of land, terrain
terrestre *m or f*   of the earth;
   "earthling"
terrible *m or f*   terrible
territorio   territory, region
terrorista *m or f*   terrorist
tesoro   treasure
texano,-a   Texan
texto   text
tiempo   time; weather
tienda   store, shop

tierra   earth, land
tío,-a   uncle, aunt
típico,-a   typical, traditional
tipo   type, kind, sort
tiránico,-a   tyrannical
tiro   shot, bullet
título   title; degree
todavía   still, yet
todo,-a   all, everything; *pl*
   everyone; all of; **de todos modos**
   anyway; **del todo**   completely; **todo**
   el mundo   everyone, everybody;
   todo un (el)   a (the) complete, a
   (the) whole
tolerable *m or f*   tolerable, bearable
tolerancia   tolerance
tolerante *m or f*   tolerant, forgiving
tolerar   to tolerate, allow
tomar   to take; to drink
tono   tone
toponímico   place name, toponymic
torear   to fight a bull
torero,-a   bullfighter
tormento   torment, anguish
toro   bull
torre *f*   tower
tortura   torture
totalitario,-a   totalitarian
trabajador,-a   worker
trabajar   to work
trabajo   work, job
tradición   tradition
traducción   translation
traducir   to translate
traer   to bring, carry
tragedia   tragedy
trágico,-a   tragic
tramar   to design, devise (a plot)
transformar   to transform, change
tránsito   traffic
transitorio,-a   transitory, temporary
transmitir   to transmit, relay
transporte *m*   transport,
   transportation
trasladar   to transfer

traslado transfer, removal
tratado treaty, treatise, tract
tratamiento treatment
tratar to treat; to try
través: a través across, through
trazar to trace, draw
tremendo,-a tremendous, huge
tren *m* train
tribu *f* tribe
tribunal jury; panel
triste *m or f* sad
tristeza sadness
triunfante *m or f* triumphant
triunfar to triumph, win
triunfo triumph
trono throne
tropas troops
tropical *m or f* tropical
tumba tomb, grave
tumulto tumult, riot
tuna student musical group
Tupamaros Uruguayan guerrilla band
turístico,-a of or relating to tourism

U

ubicado,-a located, placed
ubicuo,-a ubiquitous
último,-a last, ultimate; **por último** finally
ultratumba from beyond the grave, the afterlife
único,-a only, unique
unidad unity; unit
unido,-a united; **Estados Unidos** United States
unión union; combination
unir to unite; **unirse** to join
unitario,-a unitarian; *Amer* one who favors a strong central government
universalidad universality
universidad university

universitario,-a of or relating to the university
universo universe
urbanización urbanization
urbanizar to urbanize, group in cities
urbano,-a urban, living in cities
urgente *m or f* urgent
usar to use
uso use; **hacer uso de** to make use of
utensilio utensil, tool
útil *m or f* useful
utilidad utility, usefulness
utilitarismo utilitarianism
utilizar to utilize, use

V

vaca cow
vacuno: ganado vacuno beef cattle
vagar to wander
valerse (de) to make use of
validez *f* validity
válido,-a valid
valiente valiant, brave
valioso,-a valuable
valor *m* value; bravery, valor
valorar to value, place a value on, appraise
valle *m* valley
vanguardia vanguard, advance guard, leaders of a movement
vaquero,-a cowboy, cowgirl
vara rod, line (in writing)
variar to vary, mix
variedad variety
varios,-as various, several, some, a few
vasco,-a Basque; **País vasco** Basque country
vascuence *m* Basque language
vaso glass, cup
vasto,-a vast, extensive
vecino,-a neighbor

vela   candle
velorio   wake, vigil
vencer   to defeat, win
vendedor,-a   seller, salesperson
vender   to sell
veneración   honor, veneration
venganza   revenge
vengarse   to take revenge
venir   to come
venta   sale
ventaja   advantage
ventana   window
ver   to see; *refl*   to find oneself, to be
verbalmente   verbally
verbo   verb
verdad   truth
verdadero,-a   true, real
verificar   to verify, confirm
verso   line of verse, verse
verter   to pour into, vest
vestido,-a   dressed, clad
vez *f*   time; turn; **a su vez**   in its
   turn; **en vez de**   instead of;
   tal vez   perhaps
vía   way; **por vía**   by means, in a
   manner
viajar   to travel
viaje *m*   trip
viajero,-a   traveller
vicepresidente,-a   vice president
victoria   victory
victorioso,-a   victorious
vida   life; **en vida**   while living
viejo,-a   old, elderly
viento   wind
viga   wooden beam
vigesimal   based on the number
   twenty
vigésimo,-a   twentieth

vigilante   vigilante, citizen police
vigilia   vigil
violación   violation
violencia   violence
violento,-a   violent
virreinato   viceroyalty
virrey *m*   viceroy
visigodo,-a   Visigoth
visitante *m or f*   visitor
visitar   to visit
vista   view; **punto de vista**   point of
   view
vital   vital; **promedio vital**   life
   expectancy
vitalidad   vitality
viudo,-a   widower, widow
vivienda   dwelling, housing
viviente   living, alive
vivir   to live, dwell
vivo,-a   alive
voluntario,-a   voluntary; volunteer
voluntarioso,-a   willful, arbitrary
volver(ue)   to return
votivo,-a   votive; offered by a vow
vuelta   return; **ida y vuelta**   round
   trip
vulgar   common, low, vulgar

Y

yarda *meas*   yard; *dialect*   lawn
yendo *pres part of* **ir**

Z

zanahoria   carrot
zona   zone, area of a city

Photo Credits

Page 1, Nat Norman/Photo Researchers Inc.; 7, Georg Gerster/Rapho/Photo Researchers Inc.; 11, Cynthia E. D. Kite; 14, Photo Researchers Inc.; 23, Kenneth Garrett/Woodfin Camp & Assoc.; 26, Dick Davis/Photo Researchers Inc.; 28, Cynthia E. D. Kite; 34, Hella Hammid/Photo Researchers Inc.; 39, Marcia Weinstein; 41, Barbara Rios/Photo Researchers Inc.; 46, Michal Heron/Woodfin Camp & Assoc.; 52, 55, UPI/Bettmann Archive; 59, David Burnett/Contact Press; 66, Sepp Seitz/Woodfin Camp & Assoc.; 73, Alon Reininger/Contact Press; 79, Stan Goldblatt/Photo Researchers Inc.; 82, Art Resource; 86, Cornell Capa/Magnum Photos; 89, UPI/Bettmann Archive; 94, Don Carl Steffen/Rapho/Photo Researchers Inc.; 100, Joseph Szabo/Photo Researchers Inc.; 105, Victor Englebert/Photo Researchers Inc.; 108, Dorka Raynor; 117, Paolo Koch/Photo Researchers Inc.; 122, Beryl Goldberg; 125, Georg Gerster/Rapho/Photo Researchers Inc.; 134, Carew/Monkmeyer Press; 143, Sepp Seitz/Woodfin Camp; 147, Gianfranco Gorgoni/Contact Press; 153, Frank E. Gunnell/Monkmeyer Press; 159, Mimi Forsyth/Monkmeyer Press; 165, Joe Munroe/Photo Researchers Inc.